いじめ予防
スキルアップガイド

エビデンスに基づく
安心・安全な学校づくりの実践

飯田順子・杉本希映・青山郁子・遠藤寛子［編著］
山田賢治・松山康成・川崎知已・山崎沙織［著］

金子書房

はじめに

　本書は，主に現場で日々いじめ防止に取り組まれている小学校・中学校・高等学校の先生，養護教諭の先生，管理職の先生，スクールカウンセラーやスクールソーシャルワーカーの方々を対象として，これまで明らかになっているいじめに関するエビデンスや，効果が示されている取り組みのエビデンスを届けることを目的としています。また，これから学校現場に出る大学生や大学院生にも，学校の中で起こるいじめについて基本的な知識や対応スキルを持って現場に入ってもらいたいと思います。さらに，保護者をはじめ，子どものいじめ問題に関わる多くの方々にもご一読いただきたいと思っています。いじめの問題は子どもだけの問題ではなく，大人が知らず知らずの間に多くの影響を与えている問題でもあります。社会全体で取り組んでいかなければ，いじめを減らしていくことは困難です。

　本書を企画した意図は，3つあります。ひとつは，日本の学校のいじめ防止への取り組みにおいて，いじめをくいとめる"防止"には関心が集まっても，前もって防ぐ"予防"という観点が十分に強調されていないと感じるからです。筆者が中学校でスクールカウンセラーをしていたとき，廊下でプロレスごっこが行われていました。体の小さな生徒が大きな生徒数人に上に乗られ，くすぐられたりしています。気になって声をかけましたが，このようなことは日常的に起こっていると思います。学校現場では，自然災害に備え，毎年避難訓練や引き取り訓練が行われ予防対策がしっかり行われています。いじめは，子どもの心身の健康に深刻な影響をもたらす，ひいては自殺につながる深刻な事象です。本書を企画した大きな目的のひとつは，"予防"という観点を強調するためです。

　2つ目の意図は，現在多くのいじめに関する"研究に基づくエビデンス"が国内外にありますが，それらが十分に活かされていないと感じるからです。その理由には，それらの研究の多くが研究論文の形でとどまっていて忙しい現場の先生が手にとれる形になっていないことや，現場の先生が忙しくこうした内容を学ぶ時間がとれない現状があることが考えられます。現場での対応は，うまくいく対応がベストな対応ということはありますが，そこに理論やエビデンスがあると，自分の実践に裏付けができたり，人に伝えやすくなり，自分がやっていることへの自信につながります。自分がやっていることに対する自信は，働くうえでとても大切とされています。忙しい先生方に，効率的に現場で役立つ情報を伝えたいと考えました。

　3つ目の意図は，"スキルアップ"というタイトルにあるとおり，知識や行動など具体的に使えるものを伝えたいという想いがあります。態度や姿勢ももちろん大事ですが，予防で肝心なのは，子どもに何を伝えておくか，保護者に何を伝えておくか，いじめの芽が見られたときにどう動くか，といった行動です。本書では，ポジティブな学校風土を強調していますが，それは子ども同士の良い関係や子どもと教員の良い関係を築く具体的な行動や，教員同士や教員と保護者間で良好なコミュニケーションをはかることなどの具体的な行動からなっています。本書はいじめに関する具体的な知識や行動に焦点を当て，スキルアップを目指します。それらのスキルを，先生を通して子どもに伝授し

ていただきたいと思っています。

　いじめは本当に難しい現象で，どれだけ予防しても予防しきれないところがあります。また，起きてしまったいじめを考える際にも，いじめは様々な人が複雑に絡み合うため，解決に至る道が見出しにくく思えることも多いです。本書はいじめが複雑な事象であるという前提にたち，多くの方に執筆をお願いしました。はじめに，いじめに関する基礎知識として，いじめ予防の基本とポイント（第1章），近年のいじめの重要なトピックであるネットいじめの予防と介入（第2章）があります。次に，子どもへのアプローチ方法として，ネガティブな感情である怒り感情への対処法（第3章），学級や学校の中でポジティブな風土をつくるためのポジティブ行動支援（第4章），子どもの日々のもめごとへの対処に役立つ修復的対話（第5章）があります。さらに，いじめ予防をチームで行うために欠かせない視点である，学校管理職によるシステムづくり（第6章），学校内の専門スタッフ（スクールカウンセラー，スクールソーシャルワーカー）の活用（第7章），保護者へのアプローチ（第8章）からなっています。また，コラムとして多様な分野でいじめに関連する実践をされている先生方にご寄稿いただくことができました。まだまだカバーしきれないこともありますが，複雑な事象であるいじめの理解を少しでも進めることができたら幸いです。各章やコラムの内容はそれぞれ異なるテーマとなっていますので，関心があるテーマから自由に読み進めてください。

　もうひとつ本書の特徴として，現場ですぐに使える教職員研修用・子どもたち向け授業用スライドをダウンロード付録としました。本書ではいじめ予防の様々な側面を扱っていますが，教職員の研修でそれをすぐに使えるようイメージして，研修用資料（パワーポイント等）を作成しています。各章を読んでそのテーマで校内研修をしたいと思ったとき，一から準備をしなくてもよいように，研修用資料をダウンロードできるようにしました。使いやすさには課題があるかもしれませんが，ご活用いただけたら幸いです。

　学校は子どもが社会に出て自己実現できるよう，知識や技能を身につけ，肯定的な自己イメージを育てる大切な場所です。そこに安心して子どもが通えるよう，子どもに関わるすべての大人が協働し，子どもを見守りサポートすることが必要です。子どもと関わるすべての大人を応援することに，本書が少しでも役にたつことを願っています。

編者代表　飯田順子

目　次

column

ダウンロード付録一覧 （使用に関する詳細は p.viii をご覧ください）

【授業・研修用スライド＆リーフレット】

いじめ予防の基本についての研修用スライド●教員対象（第 1 章）

ネットいじめ予防の授業用スライド●児童生徒対象（第 2 章）

怒りを活かしてコントロールする方法についての授業用スライド●児童生徒対象（第 3 章）

ポジティブ行動支援を活用したいじめ予防の研修用スライド●教員対象（第 4 章）

修復的対話を活用したいじめ予防の研修用スライド●教員対象（第 5 章）

学校管理職等によるいじめ予防の研修用スライド●管理職・スクールリーダー対象（第 6 章）

学校内の専門スタッフと協働したいじめ対策についての研修用スライド●教員・SC・SSW 対象（第 7 章）

保護者向けいじめ予防の研修用リーフレット●保護者対象（第 8 章）

解決志向アプローチを活用した保護者対応の研修用スライド●教員対象（第 8 章）

【ワークシート＆資料】

「怒りを活かすメソッド」ワークシート（第 3 章，p.41）

行動指導計画（第 4 章，p.58）

授業におけるポジティブ行動支援計画（ABC シート）（第 4 章，p.65）

心理教育の指導案とワークシート（第 7 章，p.126）

付録のダウンロードおよび使用に関して

　各章のテーマに沿って，研修・授業で活用できるスライド・資料をご用意いたしました。金子書房ホームページ『いじめ予防スキルアップガイド』の書籍ページよりダウンロードしてご使用ください。書影の下のダウンロード用バナーをクリックして，以下のユーザー名とパスワードをご入力ください。

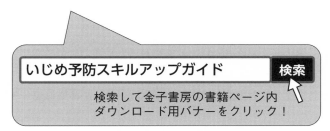

〔 ユーザー名：SKILLup ／ パスワード：b9GfdmiX 〕

【注　意】

1．本サービスは，本書をご購入いただいた方のみご利用いただけます。上記のユーザー名およびパスワードは，第三者に知らせたり，メールなどで送信したりしないようにしてください。

2．すべてのファイルには，著作権があります。ご使用は，学校の授業などの教育目的や教職員研修，保護者会などに限定されます。参加費などを徴収する有料の研究会や集会などでのご使用に際しては出典を明記するとともに，金子書房宛に使用許可の申請をお願いします。内容を確認の上，許諾します。

3．無断転載は禁止いたします。

4．ファイルはご使用になる方の責任でお使いください。著者および出版社は，本サービスの利用による結果に関して，一切責任を負わないものとします。

5．収録されているそれぞれのファイルには，パソコンの動作環境に関する制限があります。すべての環境下での動作を保証しているわけではありません。

6．本サービスの内容は予告なく変更になる場合があります。あらかじめご了承ください。

第1章

いじめ予防の基本とポイント

飯田 順子

　近年，いじめをとりまく状況は大きく変化しています。いじめに関する基本的な知識や対応は，すべての教員で共有しておく必要があります。2013年より「いじめ防止対策推進法」がスタートし，教員のいじめ対応への責務が高まっています。本章では，学校現場でいじめ予防や対応を行う上で必須となる基本的な知識と，予防のポイント，学校全体で取り組むためのポイントという3点について，スキルアップを目指します。

本章を読んで **ここをスキルアップ！**	1．いじめに関する知識の中からおさえておきたいポイントを知る 2．いじめ対応における予防のポイントについて知る 3．学校全体でどのように取り組むか，その枠組みを知り，対策を考えることができる

第1節　いじめ予防と対応に関する基礎知識

 いじめの定義の変遷といじめの発生件数

　いじめの定義はこれまで数回改定されています。最新の改定は，2013年のいじめ防止対策推進法によるものですが，この定義は非常にいじめを広くとらえており，いじめのとらえ方が難しいという声を現場でよく聞きます。いじめの定義の変更は，重大ないじめ事件の発生に伴い行われています（高橋・小沼，2018）。1986年に東京都で発生した中学2年生いじめ自殺事件（葬式ごっこ）から始まり，1994年に愛知県で発生したいじめ自殺事件（大河内清輝君事件），2006年に福岡県で発生した，学級担任による生徒への不適切な言動が問題となったいじめ自殺事件など，社会を揺るがす重大ないじめ事件が繰り返し発生しています。こうしたいじめを学校現場が見逃すことがないようにするという趣旨で，いじめ定義は変更されています。現在，国は子どもがいじめと感じる事象を学校現場が見逃すことがないように，いじめ認知に力をいれています。そのため，いじめの発生件数は年々増加しています。国はいじめ認知が少ない地域の教員とそれ以外の地域の教員を対象とし，「いじめ認知」の範囲を比較する調査を行っています。そして，いじめ認知の少ない地域には，いじめ認知の見直しを求めています。その調査からは，今，国が目指しているのは，いじめ（大小を問わず）を認知し，いじめの実態を把握し，把握したいじめについて対応がなされていることを確認すること

であると理解できます（山本・大谷・小関，2018）。

現在のいじめの定義（いじめ防止対策推進法による）

「一定の人間関係にあり，心理的又は物理的な影響を与える行為（インターネットを通して行われるものも含む）当該行為の対象となった児童生徒が心身の苦痛を感じているもの」（文部科学省，2013）。

一方，学校が目指すものは，いじめの認知件数を増やすことではないはずです。いじめの発生数に関する現状を把握し，その数を減らすことであるはずです。国をあげていじめ防止に力を入れているノルウェーやフィンランドでは，ある市区町村のすべての学校で予防プログラムを実施し，前年度のその市区町村のいじめ発生件数と比較していじめが何割減ったのかという効果検証がなされています（スミス，2016）。私たちが活用すべき数値は，学校，市区町村，都道府県など，いじめ予防の取り組みを行っている単位のものであり，それらの数値を効果検証のために使う必要があります。

では，いじめは実際にどの程度起こっているのでしょうか。いじめの発生件数をとらえる指標は2つあります。ひとつは，学校が認知しているいじめの発生件数です。これは，毎年，文部科学省より，「児童生徒の問題行動等生徒指導上の諸問題に関する調査」としていじめの発生件数が報告されています。令和元（2019）年度の小・中・高等学校および特別支援学校における，いじめの認知件数は543,933件であり，児童生徒全体の4.0％が過去1年間でなんらかのいじめ被害にあっていると想定されます（文部科学省，2020）。図1-1は，文部科学省統計のいじめの発生件数の推移です。現在，いじめは小学校で急増しており，中学校・高校では微増の傾向が見られます。小学校では，学校内の暴力行為も急増していますので，暴力やいじめ等の問題行動が低年齢化していることが考えられます。

もうひとつ，いじめの発生件数をとらえる指標は，子どもの報告によるいじめの発生件数です。これまで心理学の研究で行われたいじめに関する児童生徒の複数の調査結果をまとめた報告によると，小学生のいじめ被害経験率は3～5割程度，加害経験率は1～4割弱程度，中学生のいじめ被害経験率は2～3割程度，加害経験率は1～3割程度と推察されています（下田，2014）。これらは統計のとり方も対象としている期間も異なりますので単純な比較はできませんが，学校が認知する発生件数（4.0％）と子どもが経験しているいじめ件数（1～5割）にはまだかなりの差があります。

学校では現在多くのいじめアンケートが行われています。それでも発見できないということは何を意味しているのでしょうか。それは，多くの子どもは，大人に相談しない（言わない）ということです。これには子どもが，自然な成長の段階として自分たちで解決したいと思う場合もあります。また，相談すると状況が悪化するのではないかという不安や恐れを持っている場合もありますし，加害者に巧みに操作され，声をあげられない状態に陥っていることも考えられます（中井，2016）。いずれにしても，多くのいじめは大人に報告されることなく，解決されているか，深刻化しているか，自然消滅しているかです。そのように考えると，子どもたちがいじめに関して正しい知識をもち，自分た

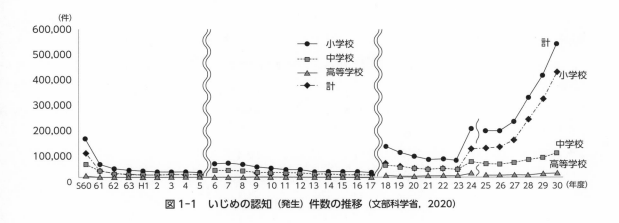

図 1-1　いじめの認知（発生）件数の推移（文部科学省，2020）

ちでなんらかのいじめ解決につながる行動をとれるよう備えておくことが，予防的な関わりには欠かせません。

② いじめ防止対策推進法における教員の責務とは

いじめ防止対策推進法では，教員の責務として，保護者，地域住民，児童相談所その他の関係者との連携を図ること，学校全体で**いじめの防止**および**早期発見**に取り組むこと，いじめが発生している場合には**適切かつ迅速に対処する**ことが挙げられています（第 8 条）。現在，早期発見のためのアンケートの実施は全国の学校で取り組まれています。学校が発見するいじめの年間およそ 5 〜 6 割（2020 年度は 56 ％）がアンケートによるものとなっています（文部科学省，2020）。定期的なアンケートの実施は，一定の効果があると考えられます。

また，いじめ防止については，すべての教育活動を通じた道徳教育および体験活動等の充実を図ること，学校に在籍する児童等が自主的に行うものを支援すること，在籍する児童等や保護者，教職員に対するいじめを防止することの重要性に関する理解を深めるための啓発を行うこととされています（第 15 条）。

TRY 1 自分の学校でいじめ防止のために明確に行われている活動を挙げてみましょう！
● 現在行われている活動（例：朝のあいさつ活動）について，いじめ防止の視点で改善できることはありますか？　具体的に考えてみてください。

③ 何がいじめか

　文部科学省がいじめ調査で使用している**いじめの具体的な行為**は，次の 8 項目からなります（文部科学省，2013）。

　① 冷やかしやからかい，悪口や脅し文句，嫌なことを言われる

　② 仲間はずれ，集団による無視をされる

　③ 軽くぶつかられたり，遊ぶふりをして叩かれたり，蹴られたりする

　④ ひどくぶつかられたり，叩かれたり，蹴られたりする

　⑤ 金品をたかられる

　⑥ 金品を隠されたり，盗まれたり，壊されたり，捨てられたりする

　⑦ 嫌なことや恥ずかしいこと，危険なことをされたり，させられたりする

　⑧ パソコンや携帯電話等で，誹謗中傷や嫌なことをされる　等

　これらの内容を見ると，"いじめの芽"と，"いじめ"と，"犯罪と呼べるいじめ"が，すべて"いじめ"というくくりの中に入っています。いじめの予防を考えるとき，何の行動を予防するためにどのような対策をとるのかを考えることが重要です。

　心理学では，いじめは，"攻撃行動"の一形態としてとらえられています（Berkowitz, 1993）。攻撃とは，通常誰かに危害を加えることを意図した目的のある行為です（スミス，2016）。攻撃的な行動には，実際に危害を加えること，または危害を加えることを予告し脅すことがあります。また，攻撃行動は，直接的な暴力（**身体的攻撃**）や暴言（**言語的攻撃**）による**"顕在的攻撃"**と，仲間関係を操作して相手に心理的な苦痛を与える**"関係性攻撃"**に分けられます（Crick & Grotpeter, 1995; 濱口，2005）。さらに，現在ではこれらに**インターネットによる攻撃**が加わります。

　また，攻撃行動を機能の観点で分類すると，**"反応的攻撃"**と**"能動的攻撃"**に分類できます（Dodge & Coie, 1987; 濱口，2005）。"反応的攻撃"は，不快な出来事によって怒りが誘発され，それに対する反応として報復や防衛的な反応が表出されます。一方，"能動的攻撃"は必ずしも不快・嫌悪的な出来事を伴うものではなく，仲間支配や要求の達成など，何らかの目的をもって行われます。何らかの報酬や望ましい結果（金銭，物品，社会的地位，支配，縄張りなど）を得ることを目的として行われるため，**"道具的攻撃"**とも呼ばれます。"反応的攻撃"を示す子どもの場合，報復意図をもちやすいことや怒りやすさが特徴のため，状況の理解（相手の意図を正確に理解させる指導）や感情のコントロール，社会的スキルを教えることが求められます。一方，"能動的攻撃"が多い子どもの場合，攻撃を通して何らかの報酬や望ましい結果を得ていると考えられますので，攻撃行動の果たしている"機能"を理解し，別の行動に代替していくことが必要になります。また，彼らの攻撃行動に影響を与えているモデルが存在する場合もあります。攻撃行動を示したほうが，望みが通りや

すいことを示すモデルです。この場合，攻撃行動は社会の中で許容されるものではなく，他の手段で望みを叶えていく必要があることを，教えていくことが必要になります。

④ なぜいじめをしてはいけないか：いじめの深刻な影響

「なぜいじめをしてはいけないか」，この問いに大人は答えられる必要があります。「相手を傷つけるから」「相手が嫌な思いをするから」という答えはありますが，重要なのは「どの程度」「どのように」ということに答えられることではないでしょうか。いじめなどによる心の傷は，不可逆的な影響をもたらし，取り返しがつかないことになりかねません。いじめの深刻な影響は，国内外で多くのデータが示されています。世界のいじめの調査を行っている UNESCO の報告では，頻繁にいじめの被害にあっている子どもは，そうでない子どもより，学校の欠席が増え，学校で居場所がないと感じ，学業成績の低下が見られます（UNESCO, 2019）。また，孤独感が高まり，心配で夜眠れない，自殺を真剣に考える，喫煙やアルコールの問題をもつことが明らかにされています。学校のいじめの被害者は，児童虐待を受けて育った子どもと同じように，広範囲にわたる長期的な影響が見られることが報告されています（Carlisle & Rofes, 2007）。いじめ被害にあった男子の 26.7 %，女子の40.5 %がのちに心的外傷後ストレス障害（PTSD）を発症し，その影響はいじめ被害・加害のどちらの立場も経験している子どもや，小グループの中でいじめ被害にあった子どものほうがより深刻であるという結果も示されています（Idsoe et al., 2012）。

また，いじめ被害の行為別の影響を検討している研究もあります（伊藤，2017）。いじめられている子どものおよそ 4 割は，「学校に行きたくない」と感じています（図 1-2）。「死にたいくらいつらい」もいじめの種類によって 1 〜 3 割ほど経験しています。「死にたいくらいつらい」は，ネット

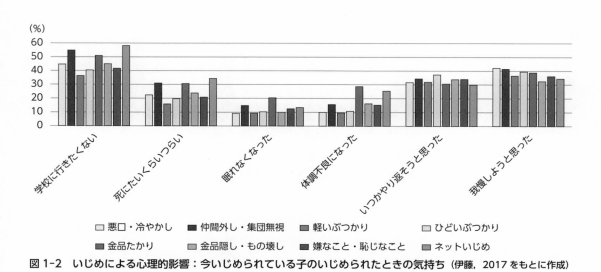

図 1-2　いじめによる心理的影響：今いじめられている子のいじめられたときの気持ち（伊藤，2017 をもとに作成）

いじめ，仲間外し・集団無視，金品たかりを経験している児童生徒で顕著に高くなっています。この結果からも，いじめの影響は深刻であり，いじめが起きてからの対応ではなく，いじめが起きないように予防する必要性が見えてきます。もうひとつここで注目していただきたいことは，教員やスクールカウンセラー（以下，SC）は身体的攻撃や言語的攻撃など目に見える明らかな行為をより深刻にとらえる傾向がありますが（Jacobson & Bauman, 2007），仲間外し・集団無視といった関係性攻撃の類がそうした行為と変わらないほど深刻な影響を及ぼしている点です。学級という閉鎖された空間の中で仲間外しや集団無視をされることが，どれだけ子どもに深刻な影響をもたらすか，このデータは示しています。いじめ被害を受けたとき，「いつかやり返そう」と感じている子どももすべてのいじめ形態で3割を超えており，いじめの連鎖が懸念されます。一方で，「我慢しようと思った」も各いじめ形態で3割を超えており，誰にも言えない状態で我慢している児童生徒も多いことが想定されます。

　筆者は子どもが好きな授業を選択してとるなど学校のカリキュラムの自由度を高めることで，学級を固定的なものではなく，子どもにとって開かれた空間にするなどの工夫が必要ではないかと考えています。好きなことをもっと学べる学校になれば，子どもたちの学ぶ意欲も高まることが考えられます。子どもにとって居心地の良い学校づくりを，いじめ予防という観点で考えることが必要ではないでしょうか。

⑤　いじめ予防はどこにアプローチすればよいか：いじめの構造の理解

　いじめの構造の理解では，森田・清水（1994）が提案したいじめの4層構造が広く知られています（図1-3）。このモデルは，東京・大阪の小・中学生1,718名とその担任を対象にアンケート調査を実施し，学級で発生したいじめで自分がどのように行動したかを調べた結果に基づいています。この研究から，いじめには，被害者，加害者，観衆（自分で直接手をくだしていないが，まわりでおもしろがったりはやしたてたりする），傍観者（いじめを見ながらも知らぬふりを装っている）の4層が関係していることが示されました。そして，このモデルでは，いじめる子（加害者），いじめられる子（被害者）をとりまく周囲の子どもたちが，いじめる子を非難し静止しようとすればいじめを抑制する力が働き，いじめが起こっていても誰もいじめる子を非難・静止しようとせず積極的に容認・暗黙的支持が行われれば，いじめが促進されることも示されています。

　一方，いじめは子どもたちだけで暮らす生活空間で起きているわけではありません。子どもの中で発生するいじめは，子どもをとりまく環境（人的環境，物理的環境）からの影響を受けています（図1-3）。教室内の子どもの行動は，教員が日頃どのようなメッセージを伝えているか，どのような子どもの行動をほめどのような行動を注意しているかなど，教員の関わりが影響します。教員自身の役割に対する満足度や，情緒的疲労の状態，過去の教員経験，攻撃行動の予防に関する過去の研修の受講経験が，教員のいじめ対応における自信に影響を及ぼします（Orpinas, 2005）。学校でいじめが

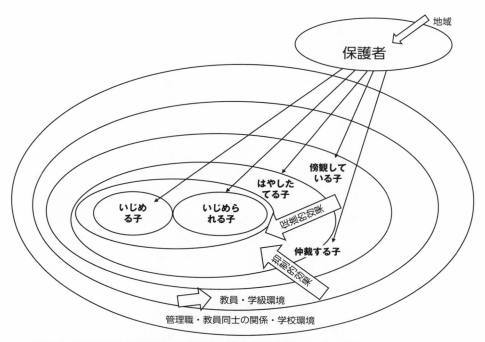

地域

保護者

傍観して
いる子

はやした
てる子

いじめ
る子

いじめら
れる子

仲裁する子

教員・学級環境

管理職・教員同士の関係・学校環境

図 1-3　いじめの四層構造＋学校環境・家庭・地域環境（森田・清永，1994 をもとに作成）

深刻化するとき，通常は機能している教員の抑止力が機能しない状況が発生しています。また残念ながら，教員がいじめを誘発する言動をしてしまっている場合もあります。教員自身のストレスマネジメントやバーンアウトの予防，サポート体制を築くことが重要です（Orpinas, 2005）。

　さらに，教員や学級環境をとりまく環境として，管理職や教員同士の関係，校舎など学校の物理的環境があります。管理職は学校全体のいじめ対策方針を策定し，教員と児童生徒の良好な関係を促進する役割を担っています（詳しくは，第6章参照）。また，子どものいじめ問題への取り組みの重要なキーパーソンとして保護者があり，さらには学校や保護者をとりまく地域環境があります。特に保護者は，いじめ防止対策推進法の第9条に，「規範意識を養うための指導その他の必要な指導を行うよう努める」と明記されている，いじめ防止における学校の重要なパートナーです。少子化が進み，保護者も"初めての子育て"という方が多いです。保護者が自分の子どもをいじめから守る（被害者・加害者にならないようにする）ために，どのようなことを心がけたらよいか，保護者に情報を伝えておくことも重要です（詳しくは，第8章参照）。

TRY
2
あなたが担任する学級（担当する学年）において，いじめ予防という観点でここを変えたいと思うことはありますか？　そこを変えるために具体的にどんなことができるか，考えてみましょう！

⑥ いじめの加害・被害と関連しやすい要因とは

　いじめに関連する要因には，危険要因（いじめにつながりやすい要因）と保護要因（いじめから子どもを守る要因）があります。いじめに関する危険要因・保護要因は，子ども個人の要因，家族や仲間など親しい人間関係の要因，学校環境の要因，地域・文化・メディアの要因に分かれます（表1-1；詳しくは，Orpinas et al., 2004; スミス，2016）。

　子どもの個人要因では，性別や学業成績が挙げられています。男子のほうがいじめ（特に身体的なもの）の経験が多いとされています。また，学業成績が低いことが危険要因とされ，学業成績が良いことが保護要因とされています。これらは海外で行われた研究が多く，日本では性別に関しては海外の研究と同様に男子のほうが多いとされていますが，学業成績は高い子どもも低い子どもも同様にいじめに関係していることが示されています（森田・清水，2001）。日本のいじめの場合，特定の加害者・被害者ではなく，多くの児童生徒がいじめに関わっていることから（森田・清水，2001），このような傾向がみられると考えられます。こうした要因に加え，攻撃に対する親和性が高いこと，問題解決スキルが乏しいこと，多動性障害や学習障害の診断があることは，いじめの被害者・加害者になるリスクを高めます（Orpinas, et al., 2004）。薬物使用，武器の持ち歩き，ギャングメンバーといった要因はいかにもアメリカ的な感じがしますが，喫煙や飲酒などの問題行動は日本でも想定されます。保護要因は，危険要因の裏返しとなりますが，危険要因で挙げられていないものとして，学習への関与が高く学校での動機づけが高いこと，学校とのつながりが強く学校の活動に積極的に参加していること，肯定的な価値観を示すこと，様々な立場の人を尊重する社会的・文化的能力が高いこと，肯定的なアイデンティティをもっていること，将来に対して肯定的な展望をもっていること，時間を建設的に使うことがあります。これらの個人要因からは，学校と肯定的なつながりがあることが，子どもをいじめから守ることになることが見てとれます。

　次に，親しい関係（家族や仲間）の危険要因では，親子関係がよくないこと，コミュニケーションがとれていないこと，子どもの管理・監督ができていないこと，子どもの問題行動に対して制限や罰が決められていないこと，親（養育者）自身が高い攻撃性を示すこと，暴力を肯定していること，子どもを拒否していることが挙げられています。一方，親や養育者との関係が良好であること，親子間で肯定的なコミュニケーションがとれていること，管理・監督がなされていること，子どもの行動に対する明確なルールと結果が示されていること，親や養育者が葛藤解決や制限，行動統制のロールモデルとなること，子どもの学校や生活に関与していること，子どもと活動を共有していることが保護要因となります。子どもと友人との関係では，非行や攻撃性を示す仲間と親しいこと，タバコやアルコール，薬物を使用する仲間と一緒にいることが危険要因であり，肯定的で思いやりのある関係，学業的な課題を楽しんでいることが保護要因となります。これらの親しい人間関係の要因からは，いじめ予防は学校だけで行うものではなく，保護者とともに行う必要があることが見てとれます（第8

表 1-1　いじめの危険要因と保護要因（Orpinas et al., 2004; スミス，2016 をもとに作成）

レベル	危険要因	保護要因
子ども個人の要因	・男子であること（特に身体的ないじめが多い） ・学業成績が低いこと ・攻撃に対する親和性が高いこと ・問題解決スキルが乏しいこと ・多動性障害や学習障害の診断があること ・喫煙，飲酒，薬物使用，武器の持ち歩き，ギャングメンバー	・学習への関与が高く学校での動機づけが高いこと ・学校とのつながりが強く学校の活動に積極的に参加していること ・正直さ，友情，平和，尊敬といった肯定的な価値観を示すこと ・様々な立場を尊重する社会的・文化的能力が高いこと ・肯定的なアイデンティティをもっていること ・将来に対して肯定的な展望をもっていること ・時間を建設的に使うこと
子どもの親しい人間関係の要因【親子関係】	・親子関係がよくないこと，コミュニケーションがとれていないこと ・子どもの管理・監督ができていないこと ・子どもの問題行動に対して制限や罰が決められていないこと ・親（養育者）自身が高い攻撃性を示すこと ・暴力を肯定していること ・子どもを拒否していること	・親や養育者との関係が良好であること ・親子間で肯定的なコミュニケーションがとれていること ・管理・監督がなされていること ・明確なルールと結果が示されていること ・親や養育者が葛藤解決や制限，行動統制のロールモデルとなること ・子どもの学校や生活に関与していること，活動を共有していること
【友人関係】	・非行や攻撃性を示す仲間と親しいこと ・喫煙や飲酒，薬物使用などの問題行動が見られる仲間と一緒にいること	・肯定的で思いやりのある関係 ・学業的な課題を楽しんでいること
学校環境の要因	・ネガティブな学校風土 ・教員と子どもの肯定的な関係が大事にされていないこと ・管理が行き届いていないこと ・いじめに関して明確な方針をもっていないこと ・子どもに対する大人のいじめ行動を容認していること ・懲罰的な行動ルール	・肯定的な学校風土があること ・教員と子どもの肯定的な関係を促していること ・管理が行き届いていること ・いじめに関する明確な方針をもっていること ・授業を改善する活動が行われていること
地域・文化・メディアの要因	・地域の暴力の発生率が高いこと ・文化的に暴力を支持している ・メディアにおける暴力の描写が多い ・武器が簡単に手に入る ・インターネットの使用制限がなされていない	・地域が若者や教育や葛藤の平和的な解決を尊重している ・地域で大人が監督する活動が提供されている ・地域の警察が問題解決の志向性を持っている ・文化的に多様性が尊重されている ・メディアが教育的であること

章参照）。また，仲間との肯定的な関係を築くサポートもいじめ予防につながることがわかります。

学校環境の危険要因には，ネガティブな学校風土や教員と子どもの肯定的な関係が大事にされていないこと，管理が行き届いていないこと，いじめに関して明確な方針をもっていないこと，子どもに対する大人のいじめ行動を容認していること，懲罰的な行動ルールがあります。一方，いじめに対して懲罰的な介入を行う学校と，その他のいじめ対策がなされている学校に効果に差はなく，いずれも何も方針をもっていない学校より効果があるという知見もあります（スミス，2016）。学校環境の保護要因は，肯定的な学校風土があること，教員と子どもの肯定的な関係を促していること，管理が行き届いていること，いじめに関する明確な方針をもっていること，授業を改善する活動が行われていることがあります。これらの要因は，個々の教員が取り組むには難しい面があります。管理職のリーダーシップの下，教職員がチームで取り組むことが求められる内容です（第6章参照）。

地域・文化・メディアにおける危険要因は，地域の暴力の発生率が高いこと，文化的に暴力を支持していること，メディアにおける暴力の描写が多いこと，武器が簡単に手に入ること，インターネットの使用制限がなされていないことなどがあります。保護要因には，地域で大人が監督する活動が提供されていること，文化的に多様性が尊重されていること，メディアが教育的であることなどがあります。こうした要因は，学校単位で取り組むには難しい面がありますが，**学校地域支援本部事業を活用した取り組み**など（時岡ら，2021），地域と協働することで子どもたちの抱える様々な課題に取り組んでいる実践もあります。

 ## 世界のいじめ予防プログラム

基礎知識の最後に，世界の代表的ないじめ予防プログラムをいくつか紹介します。

「オルヴェウスいじめ防止プログラム」（Olweus Bullying Prevention Program: OBPP）は，世界のいじめ予防プログラムの中で最も広く用いられているもののひとつです。ノルウェーで発生したいじめが原因による3人の少年の自殺をきっかけに，政府の依頼を受け，1932年からオルヴェウス博士が開発したプログラムです。EU，アメリカ，カナダ，オーストラリア，ニュージーランドなど世界20カ国以上で導入され，大きな成果をあげています。日本でも，『オルヴェウスいじめ防止プログラム──学校と教師の道しるべ』（オルヴェウスら，2013）が出版されています。このプログラムは学校全体で取り組むプログラム（**学校全体アプローチ**）であり，コーディネーターの配置，アンケートの実施，教職員の研修，校内生徒見守り制度，児童生徒に対するいじめ予防プログラムの実施（キックオフイベント），クラスでの「いじめ防止プログラム（クラスミーティング）」のサポート，保護者との連携，地域との連携など，多様な側面を含んでいます。子どもたちには，明確な4つの反いじめルールを伝えます。また，いじめが起きにくい学級・学校環境をつくるため，肯定的な学級経営を促進します。「オルヴェウスいじめ防止プログラム」を導入した学校では，50％いじめが減少したという報告もあります（Olweus & Limber, 2010; スミス，2016）。

「オルヴェウスいじめ防止プログラム」に並ぶもうひとつのいじめ予防プログラムに，フィンランドで開発された「KiVa プログラム」(Kiusaamista Vastaan の略；以下，KiVa) があります。このプログラムも，フィンランドで発生した若者のいじめを原因とする自殺を受けて，政府から依頼を受けてサルミヴァリ博士が開発したものです。「KiVa」の理念には，効果的ないじめ対策には仲間環境への働きかけが不可欠であること，仲間の傍観者の行動がいじめの発生率にきわめて重要な役割を果たすという考え方があります。「KiVa」には，いじめについて授業形式で学ぶ「KiVa レッスン」があり，90 分の授業が月に 1 回，年間合計 10 回行われます。子どもたちは，「仲間意識からくる心理的圧力」「尊敬の念」などの"感情"に焦点を当て，いじめを防止するために自分がどう行動するかを学びます。また，コンピューターゲーム形式の「KiVa ゲーム」があり，実際にいじめが発生したことを想定し，そのときの対処法をゲームを通じて学びます。小学校 1 〜 3 年生，4 〜 6 年生，中学 1 〜 3 年生向けの 3 種類あり，フィンランドの多くの学校が取り入れています。フィンランド全土の小中学校で大規模展開された効果研究では，プログラムを導入した学校では，そうでない学校と比較して，いじめがおよそ 2 割減少したという報告もあります (Kärnä et al., 2012)。

その他にいじめ予防に用いられている方法に，望ましい行動を事前に子どもに伝え，望ましい行動を促進する**ポジティブ行動支援** (Positive Behavioral Interventions and Supports : PBIS)，いじめられた子どもの気持ちに寄り添い両者の関係を修復していくアプローチである**修復的対話**，子どもたちの問題を子どもたちの知識やスキル，経験を生かして解決するアプローチである**ピアサポート** (春日井ら，2011) などがあります。ポジティブ行動支援は第 4 章，修復的対話は第 5 章に詳しく書かれており，日本の学校で取り入れる方法を知ることができます。

第2節　いじめ予防のポイント

　第1節のいじめ予防と対応に関する基礎知識から，学校におけるいじめ予防に重要な要素が見え
てきます。子どもに "いじめ" について正しい知識を教え，その中で適切な行動を学ぶ機会を積極的
に提供すること，教員と子どもの良い関係を学校全体で促すこと，子どもの肯定的な行動を育てるこ
とが共通しています。

❶　いじめに関する知識を共有し，自ら行動できるように備える

　いじめを予防するには，教員はもちろん，子どもや保護者に正しい知識をもってもらうことが重要
です。第1節で述べたような内容を，子どもや保護者にも知っておいてほしいと思います。もちろん，
小学校低学年，高学年，中学校，高校で子どもや保護者への伝え方は違ってきます。しかし，大切な
ことはできるだけ早い段階から知っておいてもらうことです。子どもたちに，心理学に基づく知識や
技術を教育的に教える方法を，**"心理教育"** と呼びます。心理学は人間の性格や行動を研究する学問
のため，人間の攻撃行動やいじめを説明する理論や研究があります。例えば，"いじめ" が発生する
背景を説明するものとして，日常生活のいらいらや欲求不満が攻撃行動に結びつくという**「フラスト
レーション‐アグレッション仮説」**，人は自分や自分が所属する集団をよく思おうとする内集団ひい
きの傾向があるという**「社会的アイデンティティ理論」**，集団の中では自己意識が弱まり一人ではや
らないような行動をしてしまうという**「没個性化」**，人はほとんどの行為を他の人が行う行為を見て
模倣し学習しているという**「モデリング（社会的学習）」**，人は強固な命令下では自分の意思に反して
従ってしまう傾向があるという**「服従」**の理論などがあります。筆者は中学生，高校生，大学生にこ
うした理論を紹介したうえで，こうした人間の傾向を乗り越えるには，一人ひとりの「意識的な努力
が不可欠」ということを伝える講義をしています。

　また，こうしたいじめに関する講義に加え，いじめに頼らず自分の気持ちを伝える方法として，コ
ミュニケーションの方法を教えるソーシャルスキルトレーニングなども行っています。短時間でも教
えられる内容として，アサーショントレーニングの考え方（平木，2009）を取り入れた3種類のコ
ミュニケーションがあります（表1-2）。コミュニケーションには，基本的に3つのパターン（**自分
を傷つけるコミュニケーション**［のび太くんタイプ］，**相手を傷つけるコミュニケーション**［ジャイ
アンタイプ］，**自分も相手も大切にするバランスのとれたコミュニケーション**［しずかちゃんタイプ］）
があることを伝えます。そして，3つのコミュニケーションの例を見せて，設定を提示して，アサー
ティブなパターンでの会話のシナリオ作成とロールプレイをしてもらいます。筆者は小学生から社会
人までこの内容を扱うことがありますが，高校生・大学生からは，「初めて聞いた」「もっと早く知り
たかった」「友だちと話すときは "のび太くん" で，その反動で家族と話すときは "ジャイアン" に
なってたから，どちらも "しずかちゃん" でいけるようにしたい」といった感想が見られます。

表 1-2　3 種類のコミュニケーション（平木，2009 をもとに作成）

3 種類	説明	※基本的なスタンス	身ぶり	口ぶり
自分を傷つける コミュニケーション ※非主張的	自分の意見を示さず，いつも相手に合わせてしまう。 ※相手が自分の権利を侵すことを認めてしまう。	I am not OK, You are OK. 自己否定・他者肯定	ためらい，伏し目 うつむきがちな姿勢 はっきりしない話しぶり 小さい声	「もしよかったら〜」 「たいしたことじゃないんだけど」 「私には無理です」 「あのー，ええーと」
相手を傷つける コミュニケーション ※攻撃的	誤ったやり方で自分の感情，考え，気持ちなどを通そうとする。 ※皮肉，いやみ，しつこくする，というのも攻撃的。	I am OK, You are not OK. 自己肯定・他者否定	おどしのジェスチャー 早くて大きい声 にらみつける，だまらせる	「うるせー」 「おい，〜しろよ！」 「〜すべきじゃねーか」
バランスのとれた コミュニケーション ※アサーティブ	自分の意見をきちんと述べるが，自分の考えを押しつけたり相手を従わせようとはしない。	I am OK, You are OK. 自己肯定・他者肯定	よい姿勢 落ち着いた音声レベル 目線を合わせる	「私はこう思うよ」 「私は〜してほしいと思うけど，あなたはどう？」

※中学生以上を対象とする場合，補足可能な内容

　現在，学校では，小学校での英語の導入や小・中学校でのプログラミング学習の導入，道徳の教科化，高校での教科横断的な学習や総合学習における探求の時間の導入など，教員の役割が変化・拡大しています。こうした心理教育については，SC の専門性を活かして SC と協働で取り組むこともできるでしょう（SC との連携について，詳しくは第 7 章参照）。筆者が米国の小学校を見学に行ったとき，SC が各クラスをまわって 10 分程度の時間の中で子どもの社会性や感情を育てるワークを行っていました。授業時間を 1 時間とらなくても，わずかな時間でも予防を取り入れることは可能です。

② 子どもと教員の良い関係を促す

　子どもと教員の良い関係は，いじめを予防するうえで欠かせない要素になります。なぜ，子どもと教員の良い関係が，いじめの予防につながるのでしょうか。ひとつは，教員との関係は子どもの**ストレス**と関係するからです（岡安・高山，2000）。いつも注意され，小言を言われていると，ストレスが高まります。大人でも同じだと思います。注意されてばかり，怒られてばかりいると，ストレスが高まります。そのストレスを，子どもは発散できるところで発散しようとします。そこで，弱い立場の子どもがターゲットになります。いわゆる"スケープゴート"が生まれます。また，子どもは先生をモデルとして行動しますので，怒ったり注意したりする行動が，子どもたちの中で広がります。子どもの学習の中で，見たものを真似するという影響は強力なものです。もうひとつは，子どもと教員の良い関係は，**ポジティブ感情**を生むことが考えられます。子どもたちの中にポジティブ感情を増やせば，必然的にネガティブ感情は減ります。ポジティブ感情が多く表現される学級の中にいることは，ポジティブ感情を自分からあまり表現しない子どもの学級適応感を高めることを示した研究もあ

表1-3　前向きな学級経営のためのチェックリスト（オルヴェウスら，2013，p.184-186）

達成	未達成	チェックポイント
☐	☐	**積極性を生徒に期待する。**教師は生徒一人ひとりができるかぎり学び適切に行動することを期待していることを明確に伝える。
☐	☐	**思いやりのある態度。**教師は，生徒との接し方，話し方，生徒を理解しようとする態度によって，思いやり，人との関わり，尊重するとは何かを生徒に示す。
☐	☐	**生徒には目標を達成する潜在的な力がある。**それぞれの力に応じ進歩や達成の度合いを測ります。生徒がイライラしたり自分のことをだめだと思ったりしないように，それぞれの生徒のレベルに合わせて学習をすすめます。
☐	☐	**協力的な雰囲気。**生徒が助け合うことを期待し，お互いに協力して班活動をし，お互いにベストを尽くすよう励まし合う機会を設けます。
☐	☐	**前向きなグループ活動の大切さ。**お互いに理解し合い，一緒に楽しみ，グループとしての達成感を感じられるような機会をもちましょう。これはゲーム，イベント，クラスの目標を達成することを通じてやれるでしょう。
☐	☐	**生徒は教師の期待していることを知っている。**生徒は公平であることに敏感です。教師が何を期待しているのか生徒がわかるように，限度やルールや否定的結果を設定して，ほめたり認めたりします。
☐	☐	**生徒はクラスで責任をもっている。**他の生徒を助けたり，クラス会議や話し合いの司会をしたり，出欠をとったりなどの責任や役割を与えられています。このような責任を生徒に持たせることは，自分がクラスの一員である意識を与え，教師との関係に良い影響を与えます。
☐	☐	**教室のルール。**教師は教室を勉強しやすい環境にするルールを生徒とつくります。学年の始めに時間をとってこのルールを作ります。ロールプレイやクラスの話し合いを使って，生徒がルールの意味をよく理解できるようにします。これらは4つの反いじめルールとは別に，たとえば話したい人は手をあげるなど通常のクラスルールです。
☐	☐	**一貫した態度とルールの適用。**ルールを破ったらどうなるか生徒に理解させます。生徒がルールを破ったら，教師は一貫して公平に否定的結果を実行します。
☐	☐	**準備と計画。**教師には毎日の明確な計画があります。準備ができていて，計画されています。もちろん，予定どおりに進まない日もありますが，計画されていれば生徒が課題をやらないとか集中しないことはあまりないでしょう。生徒も学習課題の目標を知っていて，やるべきことを知っています。
☐	☐	**気を配る。**教師はクラスのどこで何が起こっているか常にわかっています。教師の「頭の後ろにも目がある」ことを生徒が知っています。
☐	☐	**クラスでの焦点。**ほとんどの時間，教師はクラス全体に目を向けて生徒全員に向かって話し，生徒の注意を長い時間自分に向けさせています。しかし，教師は瞬時にクラス全体から個々の生徒に注意を切り替えることができます。
☐	☐	**適切なペースで。**教師は一度に多くのことをするように期待されていることがよくあります。そしてまた複数のことを行うことができ，できるかぎりすべての生徒に合わせた学習のペースを配分しています。
☐	☐	**さまざまな学習方法。**教師は，学習内容に応じたさまざまな学習方法を用いています。一日を通して異なる学習方法を用いることにより，教師と生徒が興味や熱意をもち続けられます。
☐	☐	**スムーズなクラス移動。**授業の教室移動のとき，いじめや学習の妨げとなるような行動のきっかけになるときがあります。学習活動の移行を計画し簡単に選べるレパートリーを持つことで，学習活動が新しく変わるときに秩序を維持できます。
☐	☐	**保護者との協力。**教師は生徒の保護者と強力な信頼関係をつくります。そして学校の目標は生徒の実りの多い前向きな体験ができる場づくりと考え，保護者をその目標達成のチームの一員ととらえます。

※ここでは，分量の関係から児童生徒を生徒と表記しています。

ります（利根川，2016）。ポジティブな学級環境（風土）の中で生活することは，子どもにとってストレスやフラストレーションを和らげる作用があります。そのため，教員が子どもの好きなものに興味をもつこと，楽しい時間を一緒に過ごすこと（休み時間に一緒に遊ぶ，クラスレクを行う，授業でも子どもの関心・興味をひくような内容を取り入れるなど）が，教員と子どもの関係づくりを促進します。また，教員の自己開示（失敗談，趣味など）も，子どもが教員に親しみを持つことにつながります。

　教員と子どもの良い関係の影響は，古くは1939年のレヴィンらの研究（Lewin et al.,1939）まで遡ることができます。小学5年生からなる3グループに，民主型，独裁型，放任型の教員役の成人のリーダーの指導者をランダムに割り当て，集団にどのような影響を与えるか検討した結果，民主型のリーダーのグループは，人間関係が最も良好で，明るく活気に満ち，独裁型のリーダーのグループは，表面的には統制，潜在的な不満が多く，暗く生気のない集団となり，放任型のリーダーのグループは，無秩序でまとまりなく，集団としての体をなしていないとされています。民主型のリーダーは，何かを決めるときに子どもの意見を聞いて取り入れるリーダー，独裁的なリーダーはすべてを自分一人で決めてしまうリーダーです。80年以上前から，学級づくりにおいて，子どもの意見を取り入れることが重要と示されていることに，驚かされます。

　ここで大切なことは，子どもと教員の良い関係をつくることに学校全体で取り組むことです。クラスによって学級の雰囲気が大きく異なれば，子どもは不公平感をもちます。もちろん個々の学級には個性があってよいわけですが，それを超えて学校全体でポジティブな学校風土を築く努力が必要になります。「オルヴェウスいじめ防止プログラム」では，表1-3の「前向きな学級経営のためのチェックリスト」を活用しています。チェックリスト形式になっていますので，ぜひ教員研修の機会や個人で回答してみてください。原文のままでわかりづらいところもあるかもしれませんが，太字の部分を読んで自分の達成度を直観でチェックしてみてください。達成，未達成はそれぞれ何個ありましたか。未達成のものの中で改善したいものはありますか。一度にすべて改善することは難しいので，具体的な改善点と改善策を1〜2つあげて，実行してみてください。学級規模が大きい日本の学校では，学級経営の難しさも大きいと思います。また，完璧を目指すと教員自身がバーンアウトしてしまいます。しかしながら，子どもと教員の（適度に）良い関係は，いじめ防止の取り組みを行う上で欠かせない要素となります。子どもや保護者が教員を信頼していなければ，いじめ発生時に教員に相談することもできません。教員と子どもの関係づくりを，個々の教員にまかせるだけではなく，学校全体で取り組むことが重要です。

③ 子どもの社会性や感情調整スキルを育てる

　子どもたちがいじめに頼らず，自分の気持ちを周囲に伝え，気持ちよく生活するためには，子どもたちが適切に人と関わるためのスキルを育てる必要があります。それらには，人と良い関係を築くた

めの**ソーシャルスキルトレーニング**（渡辺・原田，2015；渡辺・藤枝・飯田，2019）や，自分のストレスや怒り感情を適切に処理するための**ストレスマネジメント**や**アンガーマネジメント**（第3章参照）などがあります。また最近では，ソーシャルスキルを適切に発揮するための基盤となる，子どもが自他の感情を理解し適切に調整できるようになるための"感情"についての学びを含む教育として，ソーシャル・エモーショナル・ラーニング（Social Emotional Learning: SEL; 詳しくは，小泉・山田・大坪，2017）が，世界的に広く導入されています。

　いじめの背後にある怒りや不満，ねたみ，悲しみなどのネガティブ感情は抱えていると苦しい感情です。子どもが強い怒りや不満などのネガティブ感情を表出すると，周囲の大人も早く収めたいと思ってしまいます。でも怒りや悲しみといったネガティブ感情は，子どもが自分に起こっていることに気づく大切な感情でもあります。子どもが不満や怒りを表出するとき，今自分が何を感じているのか気づくよう促し（**感情の同定**），その感情がどのような状況で引き起こされているか一緒に考え（**感情の理解**），その感情を表現する方法を練習し（**感情の表現**），その感情を落ち着かせる方法を練習し（**感情の調整**），その感情を自分の問題解決に役立てる方法を検討する（**感情の利用**）といった学習の機会にしていくことが重要です。この感情を扱う能力の5つの要素は，自分の感情と他者の感情それぞれにあることが示されています（野崎・子安，2015）。こうした感情を扱う力を，あたかもスポーツを教えるコーチのように，側に寄り添い，助言し，ともに練習し，支えることで，子どもは少しずつ，感情を扱うスキルを身につけていきます。

　子どもの社会性や感情調整スキルを育てることは，日本の学校では授業や特別活動，道徳の授業などすべての教育活動を通して行われています（文部科学省，2010）。これらは例えると，健康な身体作りのための基本的活動（食生活や生活習慣の維持，適度な運動）です。一方，いじめに関する知識や心理学に基づく心理教育は，特定の病気の予防のためのワクチンになります。どちらもいじめ予防には，欠かせないものと考えられます。

第**3**節　学校全体で取り組むために
──学校心理学の視点から

　学校全体で取り組むために，筆者が専門とする学校心理学の考え方（詳しくは，石隈，1999；水野ら，2013）が参考になります。

1 学校心理学の枠組み

　学校心理学は，学校に通うすべての子どもを対象に，子どもの学習面，心理・社会面，進路面，健康面の各領域の援助ニーズに焦点をあて，援助を行うための枠組みを提供する学問・実践体系です。学校心理学の考え方に，4種類のヘルパーと3段階の心理教育的援助サービスがあります。まず，**4**

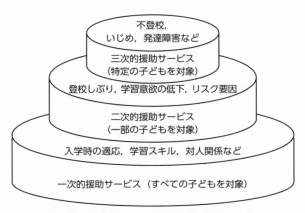

図 1-4　3 段階の心理教育的援助サービス，その対象および問題の例（石隈，1999 をもとに作成）

種類のヘルパーは，子どもの援助者を 4 種類に分けるものであり，そこには子どもの援助を専門的に行う専門的ヘルパー（SC，スクールソーシャルワーカー［以下，SSW］など），多様な職務の一貫として子どもの援助を行う複合的ヘルパー（教員，養護教諭），人生の役割上子どもの援助を行う役割的ヘルパー（保護者，家族），職務や役割とは関係なく子どもにとって援助的となるボランティアヘルパー（友人，地域の大人など）があります。いじめは大きな社会問題です。この問題の解決には，子どもの援助に関わる 4 種類のヘルパーの効果的な連携が必要になります。

　次に，**3 段階の心理教育的援助サービス**とは，子どもが必要とする援助ニーズに応じて，援助サービスの対象や内容を段階的にとらえる考え方です（図 1-4）。まず基盤となる一次的援助サービスの対象は，すべての子どもであり，すべての子どもがもつ共通のニーズに応じるものです。そこには，入学時の適応を促すオリエンテーション，わかる授業・おもしろい授業づくり，学習スキルや対人スキルを育てる活動などが含まれます。二次的援助サービスの対象は，登校しぶりや学習意欲の低下が見られ，気になる状態にある児童生徒や，一部のリスクが高い児童生徒であり，気になるサインを早期に発見しタイムリーに関わることが目指されます。リスクの高い子どもには，転入生，障害のある子ども，言語的・文化的な違いのある子ども，性的アイデンティティや自身のセクシャリティで悩んでいる子どもなどが含まれます。三次的援助サービスの対象は，不登校，いじめ，発達障害を有する等の特定の子どもであり，個別の集中的な援助が行われます。いじめの場合には，被害児童生徒とその保護者，加害児童生徒とその保護者，暴力等を目撃したクラスメートやその保護者への対応が含まれます。

② いじめ予防と一次的援助サービス

　いじめ予防のためには，すべての児童生徒を対象とする一次的援助サービスが特に重要になります。学校全体の取り組みとして，いじめに対する否定規範を育てる（大西，2015），いじめについて相談する力を育てる（本田，2017），傍観者がいじめ停止行動を行えるようサポートする（中村・越川，2014），学校の物理的環境や相談体制を見直す（Varjas et al., 2006）という4点を挙げていきます。

　第一に，いじめ防止という観点からは，自分の学校・学級では，いじめや仲間を傷つけるからかいは許されないという**集団規範を育てておくこと**が重要です。集団規範を育てるためには，何が必要でしょうか。校長先生や学級担任による宣言，いじめの標語やポスターの掲示，いじめに関する講話や学習などが考えられます。また，道徳の授業や構成的グループエンカウンター（國分・國分，2004）などを通して，仲間集団を育てることや，人との違いを受け入れ尊重する姿勢を育む（多様性の尊重）ことも欠かせません。すべての教育活動を通して，教員がモデルになります。教員の受容・親近・自信・客観的関わりが，いじめ否定学級規範を高め，いじめ加害傾向（制裁的いじめ加害傾向と異質性排除・享楽的いじめ加害傾向）を低下させることがデータによって示されています（大西，2015）。

　子どもたちのいじめ否定規範は年齢とともに緩くなることが示されています。前述の伊藤（2017）の研究では，友だちをからかうことを「悪くない」と回答する子どもの割合（善悪）が，小学校5.4%，中学校14.9%，高校35%と上昇し，友だちをからかうことを「おもしろい」と回答する子どもの割合（感覚）が，小学校8.8%，中学校25.3%，高校41.4%と上昇することを示しています。このことは，一度，規範が確立しても，規範の見直しが，各学校段階で必要であることを意味しています。小学校で習っているだろう，当然わかっているだろう，ということではなく，各発達段階で子どもたちの示す特徴に応じて規範の再構築が求められているといえます。また，いじめを直接扱った研究ではないですが，荒れている学級の生徒はそうでない学級の生徒と比較して，他の生徒の規範意識を低く見積もる傾向が見られています（加藤・太田，2016）。重要なことは規範意識を育てることに加えて，規範意識を喚起するようなコミュニケーションを定期的に図り，いじめに対して否定的な規範意識を維持することです。

　第二に，**いじめについて相談する力を育てること**です。被害を受けた子どもが援助を求めない理由として，①困っていない，②自分ではうまくできていると思っている，③相談したいと思わない，④身近な人に相談したいがしない，⑤専門家に相談したいがしないという5つの背景が挙げられています（本田，2017）。子どもが援助を求めない理由に着目し，子どものタイプに合わせて相談できるように促すことが重要です（詳しくは，本田，2017）。みなさんは，困ったときすぐに相談に行きますか。相談に行くという行為は，なかなか難しいことです。まず悩みに気がつき，いくつかある選択肢の中で相談に行くという意思決定をし，忙しい中で時間を作り，相談ができる場所に足を運び，

言葉で自分の悩みを伝えなければなりません。こうしたプロセスを考えると，相談に行くことを躊躇する子どもの気持ちもわかります。そのため，担任による教育相談面接の実施や SC の全員面接の設定など，大人の側から子どもにアプローチすることが大切です。そして，子どもが相談できた折には，相談できたことを問題解決に向けての大切な行動と認め，子どもの気持ちに寄り添った対応を行うことが重要です。

　第三に，いじめ防止のためには，**傍観者がいじめ停止行動をとれるようサポートすること**が欠かせません。大半のいじめは，大人の目が届かないところで行われます。一方，多くの場合，子どもには見えています（森田・清水，1994）。傍観者がいじめを目撃した際のいじめ停止行動には，**支持**（いじめられている子のそばに行く，声をかける），**仲裁**（止めに入る），**報告**（大人に報告する，相談する）があります（中村・越川，2014）。こうした選択肢をあらかじめ教えておくことで，子どもが傍観者の立場に置かれたとき，いずれかの行動をとれるよう備えておくことが重要です。なぜなら，いじめが行われている状況で，止めに入ることは大人でも難しいからです。アメリカのハンバーガーチェーン店バーガーキングが行った実験が Youtube[1] に上がり話題になりました。店内で子どものいじめ（実験のために仕込まれたサクラの子）を目撃した大人のうち，何らかの介入行動をとった人は残念ながら多くありませんでした。大人でもいじめに介入することは難しいことなので，子どもがいじめを目撃し停止行動をとれなかったとしても責めることは適切ではありません。多くの子どもは責められる前から罪悪感をもっています。大切なことは，子どもがいじめに遭遇したとき，適切な行動がとれるよう教え練習する機会を提供することです。前述のフィンランドの「KiVA プログラム」では，子どもたちにいじめについて教え，仲間としてなんらかのいじめ停止行動をとれるよう，年間プログラムが実施されています。日本で行われた介入研究では，1 時間の中で担任がいじめ否定規範に働きかけ，傍観者になったときの行動のロールプレイを生徒が練習した結果，学級内のいじめ否定規範が高まったことが示されています（中村・越川，2014）。自然災害の備えのために行われている避難訓練のように，短い時間でも定期的に，いじめや傍観者の役割について伝え，行動を練習しておくことが重要です。

　第四に，**校内の物理的環境や相談体制の点検・見直し**について述べます。勤務する学校の隅から隅まで頭の中で思い浮かべてみてください。教職員の目が行き届きにくい場所（死角）はありませんか。その場所は，児童生徒が入れないようになっていますか。あるいは，定期的に巡回がされていますか。また，いじめの注意喚起の貼り紙などは貼られていますか。校内環境を，子どもがいじめを行うとしたらという視点で点検してください。日本のいじめは，教室での発生が多いことが予想されます。またトイレや廊下なども発生場所としてよく挙がります。さらに，今は主戦場がネットになっているという指摘もあります。その対策も行っておく必要があります（詳しくは，第 2 章参照）。

1　https://www.youtube.com/watch?v=0e8fcpYX5us（2021 年 1 月 20 日閲覧）

相談しやすい環境づくりについては，利用可能な学校内外の相談方法を知らせておく，また直接的な方法（例：定期的な教育相談面接や SC による全員面接など）と間接的な方法（例：いじめアンケート）を織り交ぜる，子どもから保護者，保護者から学校への相談ルートを示しておく，子どもが保護者に相談しやすいよう保護者の心構えを啓発しておくなどがあります（詳しくは，第 8 章参照）。また，今の子どもは，電話より SNS のほうが身近です。ネット上でいじめを報告できる仕組み（例えば，STOPit ［コラム 2 参照］）の導入も，学校レベル，教育委員会レベルで検討が必要でしょう。

TRY 3　担任として学級の子どものいじめ否定規範を高めるため，どのような働きかけを行っていますか？
● その中で特に効果を感じる働きかけについて，同僚の教員と共有してみましょう！
勤務する学校で，いじめが発生しやすいと思われる場所を挙げてみましょう！
● その場所に対してどのような対策がとれるか，話し合ってみましょう！

---

③　いじめ予防と二次的援助サービス

　二次的援助サービスは，気になる児童生徒を早期に発見し，タイムリーに関わる援助です。そこでは，**いじめのサインを見逃さないこと**が重要です。学校心理学では，気になる児童生徒を把握するため，SOS チェックリストというツールを使っています（図 1-5）。同じようなツールが，「世界いじめ防止フォーラム」と呼ばれる，2 年に一度，いじめ防止に関わる世界中の実践家や研究者が集まる場で教員研修のツールとして紹介されていました。どのようなものかというと，初回の研修時に学級担任が子どもの名簿を用意し，いじめという観点で気になる子どもの名前の横に，気になる行動や状況をメモします。そして，2 回目の研修までにその気になる行動や状況を改善するなんらかの行動をとってくるという宿題が出されます。例として，小学校高学年の女子で，大声でしゃべるために，みんなから煙たがられている子が気になっているという担任の例が出されました。初回の研修会で，その女の子に話し方のトレーニングをすると決めて帰り，それを 2 回目までに実行したところ，その子が友だちと一緒にいる姿が増えたということでした。気になる子に早めに働きかけることは，重大な問題の未然防止につながります。

　二次的援助サービスのもうひとつのポイントは，**いじめと関連のあるリスクが高い児童生徒への対応**です。いじめられている子どもの多くは，なんらかの違いによっていじめられています（UNESCO, 2019; Varjas et al., 2006）。それらには，体型や顔などの外見，人種や国籍，宗教，社会経済的地位からくる生活状況などがあります。転入生も集団への新規参入者としていじめられるリスクが高いとされています（森田・清水，2001）。発達障害のある子どもも，その特性からいじめの被害・加害のリスクが高いと考えられます（杉山・大河内・海野，2005；船津，2020）。また，性的マイノリティ（レズビアン，ゲイ，バイセクシャル，トランスジェンダー，クエッショニング，LGBTQ）

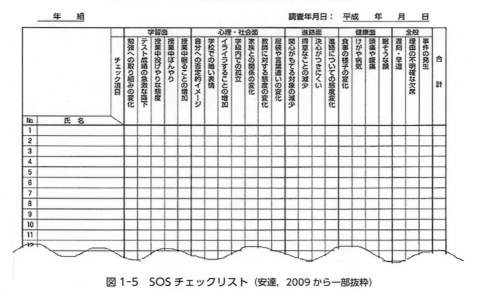

図1-5　SOSチェックリスト（安達，2009から一部抜粋）

であることもいじめられやすさにつながるとされています（UNESCO, 2019; Varjas et al., 2006）。今，日本の学校では，外国とつながりのある児童生徒が多く通っています（文部科学省，2020）。こういった集団の中の多数派（マジョリティ）と異なる子どもは，自分のアイデンティティ（自分を受け入れること）に関する悩みを強くもっていることが少なくありません。さらに，生活上の悩みや学習上の悩みを抱えていることもあります。つまり，もともとストレスレベルが非常に高い状態にある中で，周囲の子どもからの差別的態度や偏見にさらされることは，致命的なダメージを与えかねません。こうした子どもたちが学校で安心して過ごせるような学校風土の構築が求められています。

④　いじめ予防と三次的援助サービス

いじめに関する三次的援助サービスとして，被害児童生徒・保護者への対応，加害児童生徒・保護者への対応，いじめ発生後の初期対応について述べていきます。

いじめの被害者への対応では，**いじめられやすい子どもの理解**も，いじめを早い段階でキャッチし，大きくしないために必要です。どういう子どもがいじめられやすいか，いくつかの特徴が上記のように示されていますが，いじめられてよい子はいません。いじめられやすい子どもがいたら，その子どもがいじめられないよう細心の注意を払う必要があります。また，いじめられやすい子どもの場合，その被害が最初のものではないかもしれません。複数のトラウマ的な出来事は，被害の影響を高めることも知られています。今回のことでなぜそこまで影響を受けるのだろうと感じるとき，これまでの

子どもの経験について情報を集め，これまでの経験と現在の状況と合わせて，どのような影響をその子どもに及ぼしているか考えることが必要です。

　いじめの加害者への対応では，**いじめを止めるよう効果的に働きかけること**が重要です。加害経験をもつ中学生がいじめを止めた理由を検討している研究では，「ばかなことをしている自分に気づいた」「いじめられる人の気持ちがわかったから」「いじめている自分がなさけないと思ったから」といった"道徳・共感的理解"が最も多く，回答者の半数以上が該当しました（本間，2003）。次に，「高校受験にひびくといやだから，別に自分に利益なんてないし」という"打算的理解"と，「先生におこられた」「先生と話してよくわかったから」という"教員の影響"が続きました。多くの生徒は自分自身あるいは教員の指導を受けていじめを止めていきます。一方，一定数の子どもはいじめを継続しています（本間，2003）。いじめを継続する子どもの場合には，その行為が何らかの機能を果たしていることや，攻撃以外の選択肢が少ないこと，暴力を肯定していること，人間関係のとらえ方に違いがあること（人に悪意があると思いやすい，自分が攻撃されたと感じやすいなど）が考えられます。

　いじめの加害リスクのある子どもとの関わりでは，早い段階から必要な支援を開始し，就学前段階から小学校・中学校・高校と情報を引き継ぎ，対応していく必要があります。問題が顕在化してきた場合には，専門機関で治療的な関わりが必要となります。そこでは，子どもの考え方に働きかけるような認知行動療法や家族の関わり方にアプローチする家族療法などが実施されます。SC，SSW（詳しくは，第7章およびcolumn 9参照），児童相談所，医療機関，警察の少年サポートセンター等の外部機関と連携し，一貫した長期的な支援が必要です。早い段階で関われば，子どもが示す怒りなどのネガティブ感情や，暴力的な認知，暴力的な行動に対する専門的な支援を早期に始めることが可能になります。

　いじめが起こった際の対応で，最も大切なことは**初期対応**といえるでしょう。いじめの初期対応では，被害者の立場に寄り添うことが求められます。被害者がどのような解決を望むのか，被害者の解決イメージに沿って対応を進めていきます。大変な対応になりますから，教員が一人で抱え込まないことが重要です。チームでの対応が求められます。教員の対応を，管理職をはじめ全教職員でバックアップします。初期対応が重要なことは言うまでもありませんが，なんらかの事情で初期対応がうまくいかなかった場合でも，その段階からベストをつくす対応を教職員全員のチームで行います。対応には時間がかかりますが，経過を関係者に随時報告しておくことが必要です。どのような事情があろうとも，連絡がないことは，大切にされていない，ないがしろにされているという被害感情を，子どもや保護者にもたせてしまいます。

TRY 4

クラスの名簿を用意して，いじめという観点で気になる児童生徒をチェックしましょう！
- どのような点が気になるかメモし，次にチェックする日にちを決めて，その日までに働きかけることを考えましょう！
- 考えたことを実行に移し，その結果どうなったか振り返りましょう！

おわりに

　筆者らが高校生・大学生を対象に，いじめについてこれまで学齢期を通して学んだことを尋ねたアンケートでは，以下のような回答がありました。「小中高を通して先生方はイジメに対して敏感で，その兆候を見ただけでも，すぐに対応していた気がする。少し敏感すぎるのでは？と感じていた記憶がある。口で言うだけでなく，体当たりというような印象を受けていた。実をともなっていたから，皆納得していたのかなと思う。小中高通して，先生の無関心さを感じたことはない」。日本の場合，欧米の学校のように，"いじめ予防プログラム"と銘打って実践している学校は多くはありません。しかし，子どもたちは，教員との日々のやり取りを通して，いじめ予防の観点や人間関係，コミュニケーションを学んでいます。教員を介したいじめ予防が，日本のいじめ予防の特徴であるといえます。すべての教員がいじめ防止に関わる強みがある一方，個々の教員のスキルに依存したシステムには限界や課題もあります。いじめ予防で問われるのは，"チーム力"です。教職員の関係が良くお互いを尊重する姿勢は，学校風土に影響します。すべての教職員が同じ問題意識を共有し，学校を子どもたちにとって安心・安全な場にしていくという共通の目標のもと，チーム力を高めていくことが欠かせません。

いじめ予防プログラム
Triple-Change の挑戦

和久田 学　公益社団法人 子どもの発達科学研究所 主席研究員

◆いじめの認知を重視するモデルからの脱却

　学校現場におけるいじめ対策は，どうしても「いじめを認知する」ことから始めることが多いようです。文部科学省が，いじめの認知が増えることを評価しているわけですから，当然です。しかし，考えてみてください。「いじめの認知」は，「いじめが起きる」ことが前提になっています。つまり，これは「いじめが起きるのを待つ」モデルだということができます。いじめにかかわる者は，加害者，被害者，傍観（目撃）者の立場に関係なく，将来にわたってネガティブな影響を受ける可能性が高いことを世界中の研究が証明しています。だとするならば，「いじめの認知」を重視するモデルから「いじめの予防」を重点とするモデルへの変化を目指さなければなりません。

◆すべての子どもへのアプローチ

　世界にはたくさんのエビデンスのある「いじめ予防プログラム」があります。そこには，いじめの加害者，被害者など，当事者のみを対象にしたプログラムはありません。すべての子どもを対象にしています。なぜなら生まれつきのいじめ加害者，被害者はいないからです。

　いじめをなくしたい（予防したい）のであれば，いじめの加害者，被害者に対する指導を充実させるだけでは不十分です。いわゆる普通の子どもたち（当たり前ですが，すべての子どもたちが，いじめなんかしたくない，されたくない，と思っています！）が，いじめの加害者や被害者にならないですむようにすべきです。そこで私たちは，世界中のいじめに関する研究を使って，日本の教育現場で運用可能な「いじめ予防プログラム」の開発を行いました。

◆いじめ予防プログラム Triple-Change の概要

　（公社）子どもの発達科学研究所が開発したいじめ予防プログラム，Triple-Change は，その名のとおり3つの変化を学校現場で引き起こすことを目的として，年間，少なくとも3時間の授業を行うことを推奨しています（和久田，2019）。

　最初の授業では，いじめについての考えを正しく変えることを目指します。例えば，「いじめとは何か」，「いじめはどんなときに深刻化するのか」，「いじめが自分たちに与える影響は何か（その深刻さ）」，「どんな理由があっても，誰かを傷つけてはいけないこと」などについて，世界中の研究に基づいた正しい知識を提供します。どれも当たり前のことなのですが，当たり前だからこそ，児童生徒も教員も，一緒に確認することが大切だと考えます。

　次の授業では，いじめられたとき，いじめを見たときの行動を教えます。これまでの研究から，いじめの被害者が沈黙したとき，そのいじめが深刻化することがわかっています。またいじめ傍観（目撃）者も，いくつかの理由から何も行動できなくなることがわかっています。そこで，いじめに遭ったときの行動を具体的に教えます。

　最後の授業では，集団の変化を目指します。つまり「いじめが起きない（起きにくい，起きたとしてもすぐに解決される）集団」を作るのです。これまでの研究から，**学校風土が良いこと，子どもの問題解決スキルが高いこと，良い行動の基準が明確であること**，などがいじめを起きにくくすることがわかっています。子どもたち同士の話し合いを通して，誰もがいじめをなくしたいと思っている事実と集団の持つ力に気づかせるようにします。

◆結局，大人の問題

　ほとんどすべての児童生徒が，いじめをしてはいけないことを理解しています。そして，私たちがそうだったように，自分自身の成功だけでなく，友だちの幸せも願っています。しかし，それでもいじめは減らず，ときとして深刻な状態を引き起こしているのですが，それはいったいどうしてなのでしょうか。

　このことについて，深刻な指摘があります。**大人の行動がいじめを増やし，いじめ加害のモデルを提供している**という指摘です（例えば，Bonds & Stoker, 2000；Orpinas & Horne, 2006：秦，1999）。つまりいじめは，大人の問題だといえるのです。

　いじめの予防は，いじめをテーマにした授業を行えばいいといった単純なことではありません。授業はあくまでもきっかけであり，それをどう活かすかは，現場の教員に委ねられています。つまり教員が，正しい知識に基づいた正しい実践をしなければなりません。人権意識を高く持ち，思いやりのある行動を行い，子どもに良いモデルを提供することが大切で，そのためにも，いじめ予防プログラム Triple-Change では，すべての教員が，いじめや行動支援に関する研修を受けることを義務づけているのです。

【引用文献】
Bonds, M. & Stoker, S. (2000). *Bully proofing your school: A comprehensive approach for middle schools*. Longmont: Sopris West.
秦 政春（1999）．いじめ問題と教師──いじめ問題に関する調査研究(Ⅱ)　大阪大学人間科学部紀要, 25, 235-258.
いじめ予防プログラム Triple-Change　http://kodomolove.org/business/course/prevention
子どもの発達科学研究所　http://kodomolove.org/
Orpinas, P. & Horne, A. M. (2006). *Bullying prevention: Creating a positive school climate and developing social competence*. Washington, DC: American Psychological Association.
和久田 学（2019）．学校を変える いじめの科学　日本評論社

第2章 ネットいじめの予防と介入

青山 郁子

インターネットやスマートフォン（以下，スマホ）は現代では大人にとっても子どもにとってもなくてはならないものとなっているのはいうまでもありません。しかし，多くの大人にとって日常的にインターネットを使いこなし，スマホを所持し始めたのは，児童・青年期ではなく成人してからではないでしょうか。「ネットいじめ」という言葉も私たちが子どものころにはなかった言葉だと思います。自分が経験していない「ネットいじめ」というものに対して，より怖いもので解決がとても困難という印象を持つかもしれません。しかし，いじめのメカニズム・予防対策・介入に関して従来の対面式いじめと大きな違いはありません。本章では以下の4つのスキルに焦点を当てていきたいと思っています。

<table>
<tr><td rowspan="4">本章を読んで
**ここを
スキル
アップ！**</td><td>1．ネットいじめ特有の問題を理解する</td></tr>
<tr><td>2．いじめにおける傍観者の役割を理解する</td></tr>
<tr><td>3．子ども主体の予防の取り組み事例を理解する</td></tr>
<tr><td>4．予防のために連携体制をつくることができる</td></tr>
</table>

第1節 ネットトラブルの基礎知識・背景

1 オンラインコミュニケーションの特徴

従来の対面式いじめと「ネットいじめ」はともに延長線上にあると過去の様々な研究で示されているとおり，予防においてとるべき方策は対面式でもオンライン上でも基本的には同じです。しかしながら，対面式のコミュニケーションとオンライン上でのコミュニケーションにはいくつかの大きな違いがあり，オンライン上でのコミュニケーションはトラブルのもとになりやすい特徴があります。

人は，情報を理解するとき，55％は視覚，38％は聴覚から情報を得ているといわれています（メラビアンの法則，図2-1）。しかし，オンライン上でのコミュニケーションは文字ベースであり，相手の表情や声のトーンなど他者理解のための直接的な手がかりが少ないため，誤解が生じやすいということが特徴としてあげられます。

例えば，同じ「おもしろいね」という言葉でも，対面コミュニケーションであれば相手の表情や声のトーンで，本当に面白いと共感しているとき，適当に合わせているとき，相手を馬鹿にしていると

きなど，色々な意味が込められていることを受け取ることができます。また交通手段を聞いた「なんで (how) 行くの？」が，「なんで (why) 行くの？」，つまり来ることに否定的な意味に受け取られ，友だち関係のトラブルに発展したという事例もあります（図 2-2）。このようにちょっとした誤解から子どもたちの間のトラブルに発展してしまうケースが多数報告されています（竹内，2014）。

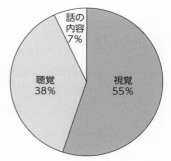

図 2-1　メラビアンの法則

　メールの内容が意図したものと違う形で相手に解釈されてしまったというような経験は大人でもよくあることでしょうが，子どもにとってはそういうことも起こりうるという想定自体が難しいのが現実です。ネットを介したコミュニケーションが主流となる中で，そもそも誤解は起きるものだという前提でどのように仲間とうまく付き合っていけるか，今後いっそう子どもたちと一緒に大人も考えていかなければいけない点になります。

　そして，人間の脳の意思決定を司る部分やリスク行動を評価する能力は，25 歳くらいになるまでは完全に発達しないともいわれています（McQuade et al., 2009）。 大人からは理解しにくいびっくりするような愚かな行動（例えば，コンビニエンスストアのアイスケースに入ってみたり，飲食店で醤油差しを鼻の穴に入れた写真を SNS に公開するといった学生によるバイトテロなど）を子どもたちがとってしまうのも，そのような背景があります。したがって，物理的に存在しないバーチャル空間での人間関係をそれぞれの発達段階でどれくらい理解できるか把握するとともに，対面上でもバーチャル空間でも相手は同じ人間であり，やっていいこと・悪いこと／言っていいこと・悪いことは全く同じであるという指導が重要になります。

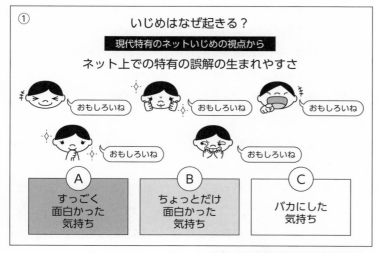

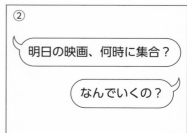

図 2-2　誤解されたトラブル例

子どもたちと一緒に考えてみましょう！

❶以下の行為を行った場合，法律上ではどのくらいの罪になる可能性があるでしょうか？

    a) 同級生の０点のテストを写真にとって SNS にふざけ半分で投稿

    b) 「XX 君（さん）キモいー！」と繰り返し悪口をインターネット上に投稿

    【答え】a) 名誉毀損罪：懲役３年以下・罰金 50 万円以下の罪，

             b) 侮辱罪：拘束 30 日未満，または科料１万円以下

（鳥飼重和 監修［2014］『その「つぶやき」は犯罪です』より）

❷何人かの生徒が同級生を殴る・蹴るなど暴行を加えている動画を SNS に投稿したら，どうなるでしょうか？

    【答え】実際にあった例としては，動画はたちまち炎上して数時間以内に生徒たちが着ている制服・ジャージなどから学校・個人が特定されます。そして，学校に大量の電話がかかってきて校内の業務が麻痺します。加害者本人だけでなく，自宅や保護者の職場などもあっという間に特定されて，引っ越しを余儀なくされます。その後も推薦入学などの進学，将来の就職，結婚にまで大きな影響が出る可能性もあります。

解説：インターネット上に一度あげてしまったものは投稿者が削除しても，第三者によりコピー・転送が繰り返されて完全に回収し消すことはできません。このことから一生消えない「デジタルタトゥー」といわれています。仲間うちに見せるつもりの冗談半分の写真や動画・書き込みで，人生が台無しになってしまうこともあります。

② オンライン上での攻撃はなぜ脅威となるのか

　コミュニケーション学の分野では，1980 年代から様々な研究により，オンライン上での「**脱抑制効果**」が指摘されています。例えば，対面でのコミュニケーションの際に強い言葉で相手に言いすぎてしまったとしたら，相手の傷つく顔が見えたり，周囲から批判的な目で見られることで自分の言動を振り返ることができるものです。しかし，匿名性の高いオンライン上でのコミュニケーションではそういった社会的抑止になるものが可視化されないために，攻撃的行動が増長されやすいということが明らかになっています（例：Joinson, 1998; Mason, 2008）。

　また近年，SNS 上で芸能人が数多くの激しい誹謗・中傷を受けて自殺してしまうという事件が世界各国で報道されています。自分が属するネット上のコミュニティーで数名が特定の人を誹謗中傷しているのを目にすると，それが数名であっても「みんながやっている」と錯覚してしまいます。また「みんながやっているから悪いことでない」「みんながやっているのだから，叩かれる人が悪い」といった歪んだ認知が簡単に形成されてしまいます。そして実際には誹謗・中傷といった加害行為に加担をしない数多くの傍観者も，最初は違和感を抱きながらも「これが普通のことなのだ」という感覚

に陥ってしまいます。

　一方，被害者側もネットいじめ特有の脅威が無力感を引き起こし，“誰かに相談する・助けを求める”といった行動が抑制されることも報告されています（藤・吉田，2014）。このネットいじめ特有の脅威とは，加害者の特定が難しいため誰を信用していいのかわからない，自分の味方が誰もいないという認知，時間や場所に関係なく攻撃されるために逃げ場がないという恐怖，どこまでも被害が波及してしまうという危惧が挙げられます。ネットいじめは身体的・言語的攻撃のように直接攻撃を加えられるものではありませんが，その特有の脅威ゆえに影響が大きいことが考えられています。いじめの種類別被害者の精神的健康を調査した研究では，**ネットいじめの被害者は金品たかりと同じくらい希死念慮が高く，体調も悪化した**との結果も報告されています（伊藤，2017；第 1 章，p.5，図 1-2 参照）。したがって，被害時の相談先をあらかじめ設置し広く周知し，その結果どのようなサポートが受けられるのか示しておくことは重要です。

第2節　ネットいじめ予防におけるアプローチ

① ネットいじめにおける傍観者の役割

　近年，いじめの介入において，加害者・被害者だけでなく直接関与しない傍観者も対象にすることの重要性が説かれています。なぜなら**自分が直接いじめに関わりがなくても，他人がいじめられているのを目撃する，悪い雰囲気の教室にいること自体が大きなストレスとなり，不登校など適応の問題に発展するリスク**があるからです（Rivers et al., 2009）。

　従来のいじめ対策は，被害にあった子どもの心のケア，加害児童生徒の指導などが主な介入で，事後対応でした。タイトな学校カリキュラムの中では，いじめ問題が起こる前の予防に割く時間は十分に取れないのが教育現場の現状ですが，児童生徒は日々の学校生活において深刻な問題には発展しないまでも「いじめの芽」となりうる様々なトラブルを日常的に経験していることが明らかにされています（青山・藤川・五十嵐，2017）。 実際のいじめ場面では，ほとんどの子どもは傍観者の役割をとっているので，傍観者の行動変容が「いじめの芽」を摘むきっかけになると考えられます。これまでに実践されているいじめ予防プログラムとして，ソーシャルスキルトレーニングの要素を組み込んだプログラムの実践が報告されています（渡辺・原田・齋藤，2009；飯田，2008 など）。また，「いじめはよくないことだけど，どのようにいじめを止めたらいいかわからない」などの理由から行動が取れない現状を踏まえ，傍観者のいじめ介入スキルにフォーカスしたプログラムも開発されています（中村・越川，2014）。このプログラムは，授業 1 コマ分の実施でいじめ停止行動への効力感，いじめ否定規範などの向上など，一定の効果が明らかにされています。

　また後述のコラムにも紹介されていますが，映像教材を用いた傍観者向けプログラム「私たちの選

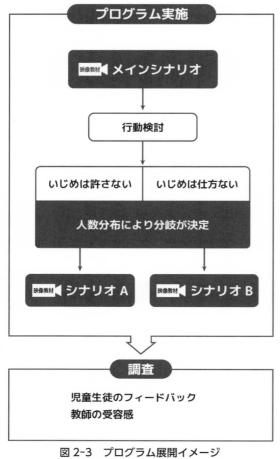

図 2-3　プログラム展開イメージ
（ストップイットジャパン，2018）

択肢」も開発されており，映像教材と指導案が無料で使えるよう広く公開されています[1]（column 2 参照）。このプログラムでは，ネット上で繰り広げられる「いじめの芽」になりうる日常的な学校でのトラブル場面を描いたドラマ型の動画教材が用いられていますが，一般的なドラマのようにストーリーが一方向に進行し，ひとつの結末を迎えるだけではなく，動画の展開に選択と分岐を取り入れ，クラスの雰囲気の違いにより，その後の展開や結末の違いが出る構成となっています（阿部ら，2018）。

　動画教材および授業展開の大筋は次のとおりです。まず初めはトラブルを傍観している動画の主人公が，ある場面でいじめの抑止につながるような行動をとるか迷っている。そこで動画をいったん停止し，授業をしているクラス内で，自分が主人公だとしたら選択肢①「行動をとる」か，選択肢②「行動をとらない」かを子どもたちが選択するという流れです。次に子ども全員が選択結果を表明し人数を数え，選択肢①②の人数の比率に応じて選ばれたほうの展開動画を視聴します（図 2-3）。そして選ばれなかったほうの展開動画も視聴し，双方を見た感想を出し合うという構成になっています（阿部ら，2018）。

　本プログラムは，「クラスの雰囲気がいじめ発生に関係する」という調査結果（青山ら，2017）に基づいて開発され，これまでに全国 300 校以上で実施されてきました。いじめ予防の教育においては，既存のプログラムにも多く含まれているように道徳的な指導だけでなく，直接的なスキルトレーニングなどが必要です。例えば，**傍観者は正義の味方のように加害者に立ち向かわなくても，被害者に声かけをする，励ますなどのサポーティブな姿勢を見せることだけでも被害者のダメージ軽減に効果的**だとされています（Padgett & Notar, 2013）。自分の小さな働きかけが大きな力になり，クラスの雰囲気を変えられる可能性があるということを繰り返し伝えていくことが重要です。その実

1　STOPit のホームページ（http://stopit.jp/workshop）からダウンロード可能。

感をもってもらえるように，問題解決や援助のスキルトレーニング，ピアメディエーション（第5章参照）の要素を取り入れ，スキル獲得の機会も提供することが生徒の自己効力感向上にもつながります。また，アサーショントレーニングによって傍観者をエンパワーする（力づける）ことができるとの先行研究があるように（Abbott & Cameron, 2014），様々な形で起きる「いじめの芽」の状況に対し，自分が正しいと思うやり方を信じて行動し，自分の考え，気持ちなどを率直に，正直に，その場の状況に合った適切な方法で述べることができるようトレーニングすることは重要な予防の取り組みとなるでしょう。いじめをただ傍観していた子どもは，いじめを注意したり，大人に報告したりした子どもよりも自己評価・受容が低く情緒不安定であるとの報告があるように（伊藤，2017），これらの取り組みは傍観者のメンタルヘルス向上にも寄与する可能性が期待できます。

② 学校・学級風土の重要性

　上記の取り組みの際に重要なのは学校・学級風土です。傍観者である子どもは周りの子どもたちが何をしているのか常に観察することで自身の行動を考え，選択します。傍観者の介入に関する意思決定の5段階モデル（Keashly, 2019）では以下のようなプロセスが示されています。

傍観者の介入に関する意思決定の5段階モデル（Keashly, 2019）

1）周りで何が起きているか **気づく**
2）その状況に必要なアクションを **判断する**
3）行動をとることに対しての責任を **認識する**
4）アクションをとることを **選択する**

そして最終的に

5）**行動する**

　実際に筆者らの研究でも，傍観者の解決方略には「いじめの芽」の状況そのものよりも，学級の雰囲気（クラスのリーダー的存在がその状況を支持する，あるいはクラスメートがその状況に対して否定的な態度をとる）が傍観者の対処行動に影響することが明らかになっています（藤川・青山・五十嵐，2016；図2-4）。

　また，前述の傍観者向けプログラム「私たちの選択肢」実施の前後で傍観者の行動の変化を検討した結果，もともとの学級内での人間関係がよい学級群と規律正しさや学習志向性の高い学級群でのみ，良好な変化が見られた一方，学級への意識が低い学級群への効果においては課題が明らかにされました。これらの結果からいじめ・ネットいじめ予防の取り組みの第一歩は，ポジティブ行動支援（Positive Behavioral Interventions and Supports: PBIS）などを通じた，よりよい学級風土形成であるといえます。学校・学級風土の改善は短期間でできることではありません。また，取り組みにおいて

クラスの中でいじめを止める雰囲気がある場合、
いじめを止める行動をとる人が多くなる

図 2-4　傍観者の役割

（ストップイットジャパン，2018）

教職員間の協力も必要です。第4章と第5章ででも詳しく述べられている例を参考に，できる部分を教室で実践することが大きな一歩につながるのではないでしょうか。

　深刻な問題がまだ起きていない段階で予防対策に力を入れ，時間を割いて具体的な実践を行うことは，年間行事も多くタイトな学校カリキュラムの中では決して容易なことではないかもしれません。しかし多くの研究で，予防教育の実施がいじめ問題だけでなく，子どもたちの健康・適応問題の総合的予防・学力向上にもつながるという科学的根拠（エビデンス）が数多く示されています（和久田，2019）。ほとんどの学校で防災避難訓練や警察による交通安全教室が年間行事として組み込まれているように，いじめ・ネットいじめのための予防教育が多くの学校現場で必須として幅広く実施されることは，長期的な視点で見れば有益であると考えます。各要素を少しずつでも学校で取り入れてみてください。即効性はないかもしれませんが，子どもたちに変化を起こせる可能性が期待できます。

第3節　予防教育を広げていくために

❶　子どもを主体にした取り組み実践

　上記で述べたような学校・学級風土改善のための取り組みやいじめ・ネットいじめ予防の活動を実施するにあたって，やはり現場の教員の方々の多忙感はたびたび問題になります。OECD の国際比較調査によると，日本の教員の長時間労働や多忙な業務のスケジュールなどに課題があり，研修参加意欲や学びに対してのモチベーションは高いものの時間的制約が加盟国の教員と比べて多いことが報告されています（国立教育政策研究所，2016）。そのため新しい指導法の情報を得て体得していく提案は負担が大きいと感じられるかもしれません。そこで，大人側が学びのすべてを用意するのではなく，子どもたち主体のアクティブラーニングでやってみることも有効だと思います。

　モチベーション理論では，人間のモチベーションは外発的動機づけ（報酬などのための動機，例：お皿洗いを手伝ったら 100 円お小遣い等）と内発的動機づけ（報酬などがなくても発生，例：教えていないのにいつのまにか新幹線の種類と名前を子どもが覚えていた等）に分類され，内発的動機づ

けに必要な要素は「自主性」といわれています。これはビジネスの世界でも注目されていて，Google社ではどんな業務をどんなやり方でいつ遂行するかは社員任せで基本的に自由となっていますが，常に高い価値を生み出し続けていることは周知の事実です。なおかつ，業務時間の20%までは通常業務ではない仕事に使うことができる制度として"20%ルール"と呼ばれるものがあり，過去にはこの20%ルールの時間からGmailなどのサービスが生まれたともいわれています（ピンク，2010）。このように基本的なルールの枠組みだけ設定し，そこから子どもたちに問題解決の方法を考えてもらうことで驚くほど柔軟なアイディアが生まれることも期待できます。

　同様の取り組みは海外でも報告されていて，イタリアの「No Trap! プログラム」というウェブベースのいじめ防止プログラムでは，子どもたちが主導でホームページのコンテンツを作成するなど，様々なオンラインフォーラムでの活動を行っています。例えば，ネット上の匿名性を活かして，参加者がいじめの被害体験を告白しやすいように不安の少ない状況で話し合い，ファシリテーター役の子どもが議論を促すというような取り組みです（Gaffney et al., 2019）。このようにネットで起きている問題をネットの中で話し合い，解決方法を子どもたち自らで考案する取り組みは参考にできる部分も大きいのではないでしょうか。特別なプログラムがなくても，Google Classroom のような誰でも使いやすいプラットフォームは多くありますので，それらを利用して子どもたちと教職員が協働してネットいじめ問題に向き合うことで継続的な活動が可能だと思います。

　そもそも現場の教員や保護者の多くは，子どものころにインターネットやスマホを日常的に使っておらず，「情報モラル」も学んでこなかった世代です。補助輪なしの自転車の乗り方や英単語の暗記など，自身が経験し，試行錯誤しながらなんとかやってきたことに関しては子どもたちに教えることができますが，大人自身にとって経験のない新しいものを適切に教えるのはとても難しいことです。だからこそ，大人がネットの世界のリスクやトラブルを何でもすべて知っておかなければいけないという考えには無理があります。次々と人気のゲームやSNSが出てきて安全性が議論される中，すべての特徴を把握しておくことは不可能なので，そのつど子どもたちと一緒に学ぶことが現実的ではないでしょうか。

　実際に，関西では子どもたちと年齢の近い大学生が中心となって小中学校で出前授業を行い，一緒にネットの怖さ，失敗例，上手な付き合い方を学ぶ取り組みも報告されています。また，学生自らが考えた啓発動画も作成しYouTube上で公開しています[2]。

　私たち大人の多くも，子どものころに長電話やファミコン（家庭用ゲーム機），ポケベルなどの使用に熱中した経験とそれに関して理不尽に大人から注意や叱責を受けた思い出はないでしょうか。大人の常識・ルールと子どもの世界での常識・ルールはいつの時代もずれがあって，そこを理解せずに大人側の意見を押し付けようとすると軋轢が生じます。インターネット利用に関連するリスク（架空

2　例えば，ソーシャルメディア研究会（https://sma2.jp/）などがある。

請求や詐欺など）は大人でも避けるのが難しいケースが多々あることからも，子どもたちと一緒に教員も保護者もひっくるめてともに学ぶ機会をもつことはとても貴重な取り組みになると思います。子どもたちは新しいテクノロジーの使い方をすぐに覚えて，ときに大人たちを圧倒しますが，それでも社会のモラルやネット上でのマナー・望ましくないネット上での行いがどのような結果を生むかなどの予測は難しいので，そこは大人側でサポートし導いていく必要があるでしょう。

　近年，教育現場で実践が広がるアクティブラーニングにおいても，求められる教員の役割は「すべてを知っていて教える立場」から議論や問題解決を促す「ファシリテーター」へと変化しています。筆者も大学生と日々接していますが，学生たちのポテンシャルを信じて任せてみた結果，多くの素晴らしいものを見せてもらいました。子どもたちが自主的に活動できる様々な場を用意することは教員から送ることのできる大きなギフトであると思っています。ほとんどの子どもたちはいじめは良くないことだとはわかっていても，問題解決に取り組むきっかけがないのが現状です。いじめのない，誰にとっても安心・安全な心地よい学校・学級づくりのアイディアを子どもたち主体で考えてもらうことは，予防への重要な取り組みの一部になると確信しています。

TRY 2 担任している学級を思い浮かべてみましょう！
- どのような形で子どもたち主導のいじめ防止活動ができそうですか？
- どのようにクラスをファシリテートすれば子どもたちの議論や活動が活発になりそうですか？

❷ 「チーム学校」としての連携

　最後に，いじめ予防は一部の教員だけの努力でできるものではありません。また前述のとおり，日本の教員は大変多忙であることからすべてを担任一人で抱え込むのも健全ではありません。そこで，どのように「チーム学校」として外部の専門家と連携できるか考えることは重要です。2013（平成25）年に施行されたいじめ防止対策推進法では，いじめを発見した教員は学校全体で問題を共有し，対策委員会を構成しなければいけないと定められています。しかし東京都教育委員会（2014）の調査によると，小学校での84.5％のいじめのケースは担任教員のみで対応し，対策委員会で介入したのは23.2％にとどまったと報告されています。一方，いじめの凶悪化が社会問題となったことから，いじめを認知した学校の2.7％が警察への相談・通報をしていることも明らかにされています（文部科学省，2018）。

　多くの自治体では専門家を招いて「いじめ防止研修」のような研修会・勉強会が定期的に開催されていると思います。しかし，いじめを防止する，または起こった際に適切に介入するための具体的なスキルは1回の研修では十分獲得できるものではありません。実際に，座学での研修は行動変容につながる効果は少ないと研究では指摘されており，継続的な個別の支援が必要であることが明らかにさ

れています（Pas et al., 2019）。そこで，スクールカウンセラー（以下，SC）に依頼し，定期的な研修を企画してもらうことから始めてみるのはすぐにできるのではないでしょうか。SCの担う業務は子どもたちや保護者のカウンセリング相談だけでなく，教員のコンサルテーションも含まれていることが一般的です。心の専門家であるSCとのコンサルテーション機会は教員にとって新たな視点を獲得するチャンスとなりうることから（Burger et al., 2015），いじめ・ネットいじめ予防のアイディアを協働して生み出すことは学校にとって有益な取り組みとなるでしょう。

　また外部機関との連携に関しては，日ごろから地元警察のサイバー犯罪の担当者と連携をとる仕組みや相談窓口を学校で確認するという作業が有効です。これは，一種の心の防災訓練と考えられます。地震が起きた際に机の下に入り頭巾で頭を覆うというのも万が一のときに正しく行動できるための備えであるように，ネット上でのトラブルが学校内の指導では対応できない想定外の大きな問題となった場合にどのように外部機関と連携するべきか備えておくことは迅速な対応につながります。医者は専門外の治療には介入せず，必ず別の医者や病院を紹介します。教員はサイバー犯罪対策や法律の専門家ではありません。しかし，困ったときに相談できる詳しい専門家と連携が取れているということで子どもたちや保護者を安心させることでしょう。

おわりに

　大人の目には見えにくいネットいじめの対応においては難しいと思っていらっしゃる方も多いかもしれませんが，傍観者へアプローチする，学校・学級風土の改善に努める，「チーム学校」で対応するなどの地道なプロセスは従来の対面型いじめと大きな違いはありません。子どもたちは大人よりも新しいテクノロジーへの適応が早く驚かされますが，それが正しい使い方であるとは限りませんので，苦手意識を持たずに本章および本書での実践をぜひ現場で試していただけたら幸いです。

脱いじめ傍観者を目指した授業と
匿名報告相談アプリ STOPit の取り組み

谷山 大三郎　ストップイットジャパン株式会社 代表取締役

　子どもたちのスマートフォン所持率の増加とともに，目に見えるいじめに加え，アプリやインターネットを利用したネットいじめが多く見られるようになりました。ネットいじめは閉鎖性の高いインターネットの中で行われるため，周囲の大人が発見しづらく，いじめの早期発見や早期対応を行うことが難しいという特徴が挙げられます。このような状況を踏まえ，筆者はネットいじめを含むいじめ防止対策のひとつとして，傍観者に焦点を当てた取り組みを行っています。

　いじめは，被害者や加害者だけでなく，周りではやしたてる観衆，いじめを見て見ぬふりをする傍観者の4層構造の中で起こっており，傍観者がいじめに対して否定的な態度をとることでいじめの抑止につながるといわれています（森田，2010）。さらに別の研究によると，クラスにいじめを止める雰囲気がある場合にはいじめを止める行動をとろうとする子どもが多い，ということが明らかにされています（藤川・青山・五十嵐，2016）。そこで筆者は，傍観者がいじめに対して抑止の態度や行動を無理なく，躊躇なくとれるような学校や社会を目指し，学校を対象に「脱いじめ傍観者教育プログラム」の実践および匿名報告相談アプリ STOPit の普及に取り組んでいます。

　「脱いじめ傍観者教育プログラム」は，千葉大学，敬愛大学，柏市教育委員会らと連携して開発した映像教材です。傍観者の視点に立ち，いじめを許容しない集団の雰囲気を醸成することを目的としています。開発した映像教材や指導案等を収録した DVD 付き冊子を特設サイトより無償で配布しています（引用文献参照；STOPit 導入自治体では，講師を派遣し，全学校で出張授業を行っています）。

　STOPit は，子どもたちがいじめを見つけたり，いじめに苦しんだりしたときに，スマートフォンやパソコン等で使用できる匿名報告相談アプリです。文章だけでなく，画像や動画の送信やチャットによるやりとりが可能です。子どもたちの報告や相談は，あらかじめ各自治体や学校それぞれによって定められ，教育委員会の専門相談員や，事前に研修を積んだ臨床心理士等の専門家に匿名で届きます（個人での利用は現在行えません）。

　実際に導入を行った千葉県柏市では，STOPit での報告相談件数が電話やメールの約9倍を記録しました。子どもたちの報告相談件数が増加したこと，また，なかには学校が把握できていなかったいじめを発見し，早期対応できたことなど一定の効果が確認できました。現在，STOPit を含む「脱いじめ傍観者教育」の取り組みは，全国約330校の学校で展開されています。今後も実効性あるいじめ防止対策とは何かを考え，さらなる教材開発や新たな仕組みの開発に取り組んでいきます。

【引用文献】

藤川大祐・青山郁子・五十嵐哲也（2016）．ネットいじめの芽における小中高生の傍観者行動と文脈要因の違いにおける差の検討　日本教育工学会第32回全国大会講演論文集，663-664.

森田洋司（2010）．いじめとは何か　中央公論新社

STOPit 脱いじめ傍観者教育プログラム　https://stopit.jp/workshop

第3章

怒りを活かしてコントロールする
怒りを活かすメソッド

遠藤　寛子

　怒りは，自分が公平に扱われていないと判断したときや，相手の故意によって自分に被害がもたらされたと判断したときに，自分を防衛するために，もしくは秩序を保つために生じうる感情です。すなわち，自分の正当性を相手に主張しようという機能がありますので，決して悪い感情とはいえないのです。しかしながら昨今は，いじめ要因のひとつとして，怒りを適切にコントロールできないために他者を攻撃する行為へと発展することが指摘されています。ですから，いじめ予防を考える上で，自身が抱いている怒りを自覚し，コントロールするためのスキル獲得が必要になります。本章では，怒りを活かすためのスキルアップを目標にします。具体的には，以下の3つです。

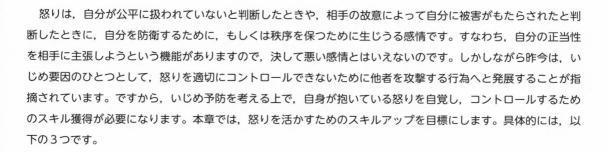

本章を読んで
ここをスキルアップ！

1．怒りとは何かを知る
2．「怒りを活かすメソッド」の7つの視点を理解する
3．「怒りを活かすメソッド」の活用時のポイントを知る

第1節　怒りの基礎知識

1　「怒りを抑え込む」，「むやみに吐き出す」ことと健康

　皆さんは，日常生活において怒りを抱いたとき，どうしていますか？　また，怒りを感じている子どもたちに向けて，どのようにアドバイスしますか？

　日本人は欧米人に比べて，怒りを表現しない傾向にあることが知られています。それは，個よりも集団を重んじる風潮（工藤・マツモト，1996）や，対人関係の悪化を防ごうとするため（山本・余語・鈴木，2004）と考えられています。

　もちろん，誰もが感情の赴くままに怒りをぶつけ合っていては，規範もルールもない荒れた社会になってしまいますから，我慢や忍耐を学ぶことの意義は大いにあります。社会の中で生きていくために，理性的な振舞いを求めるのは当然のことでしょう。しかしながら，ときには怒りを抑え込む以外の方法をとることも，個人にとっては非常に重要になります。なぜなら，怒りを表明したいのにそれができないでいる状態が続くと，心臓病が発症するリスクが高まるなど**心身に悪影響**をもたらすから

です（鈴木・春木，1994）。それだけではありません。相手に対する腹立たしさと，それを表すことができない自分自身へのもどかしさやイライラが相まって，二重の怒りに苦しむ可能性があります。この状態が習慣化されたらどうなるでしょうか。被害をもたらした相手に対して嫌悪や敵意が強まるだけではなく，周りの皆までもが敵だらけに見えて，ますます怒りが膨れ上がってしまうことでしょう。

　それでは，怒りを我慢しないで相手にむやみやたらに吐き出せばよいかというと，これもまた決してよいとはいえません。怒りを抱いたときに，相手に皮肉なことを言ったり，不平不満をそのままぶつけたりという行為は，当然のことながら対人関係の亀裂を生むことになります。親しい間柄であれば，それをきっかけとして相手との距離感を縮めたり，互いの気持ちの理解につながったりする場合もあるでしょうが，たいていは相手に恐怖や不満を与えますから，さらなるいがみ合いへと発展してしまうことでしょう。また，頻繁に怒りを外へ出していれば，それだけ自律神経系が活性化するので，血圧が上昇し（Lindon & Feuerstein, 1981），身体への負担も大きくなります。つまり，怒りへの対処は，とにかく抑え込んで我慢すればよいわけでもなく，逆に何もかも露わにすればよいわけでもないのです。

TRY 1 普段のあなたの，怒りの処理の仕方について振り返ってみましょう！
　●あなたは怒りを感じているとき，その状態を自覚していますか？
　●あなたは怒りを感じたとき，どのように怒りを処理していますか？

② 怒りが維持される背景

　そもそも，人が怒りっぽくなってしまう要因のひとつに，過去に経験した怒りが今でも維持されていることが挙げられます。怒りを抱え続けることで，「また攻撃された」「また非難された」と誰に対しても極端な判断をしやすくなり，新たな怒りを喚起してしまうこともあります。いわば，怒りは怒りを呼び込み，新たな怒りへと拡大してしまう可能性があるということです。したがって，怒りの連鎖を断ち切るには，過去の怒り経験を振り返り，整理していくことが重要になります。

　それでは，どのようにして整理していけばよいのでしょうか。そのためにはまず，怒りがなぜ消えずに維持されるのか，その背景を理解することが必要になります。怒りの維持過程についての研究が報告されていますので，それらの研究知見をもとに説明します（遠藤・湯川，2011；2012；2013a）。

　怒りはいったんは収まったとしても，何かのきっかけでぶり返され，長引きやすい感情であることが示されています（遠藤・湯川，2012）。なぜ怒りが長引くかというと，過去の出来事に対して「自身の目指すべき方向に沿って解決されていない，受容できない，脅かされる」という**思考の未統合**

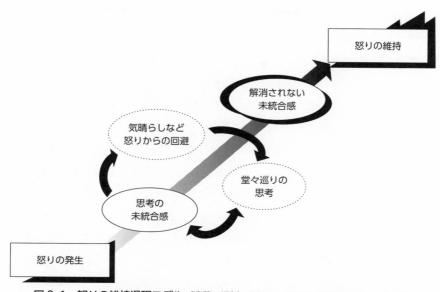

図 3-1　怒りの維持過程モデル（遠藤・湯川，2011；2012；2013a をもとに作成）

感」が残存しているためです。この思考の未統合感が残っているために，過去の場面が頭の中で堂々巡りのように繰り返し湧き起こってしまい，またそれが制御できず怒りが維持されてしまいます。また，このような未統合感から逃れようとして，怒りと関係のないことを考えようとしたり，気晴らしをしたりしても，かえって堂々巡りの思考が増えてしまってイライラ，ムカムカが膨らんでしまうのです（図 3-1）。つまり，怒りの維持過程モデル（遠藤・湯川，2011；2012；2013a）が示しているのは，怒りとは，まだ答えが得られていない出来事に**意味を見出そう**とする心の動きでもある，ということです。

第**2**節　「怒りを活かすメソッド」の紹介

1　気持ちと向き合い，それを言葉として紡ぐ 7 つの視点

怒りにはこのような機能がありますから，ひたすら人やモノにぶつけるのではなく，またその怒りをなかったこととして胸の奥に封じ込めようとするのではなく，あるいは別のことを考えて意識しないようにするのではなく，誠実に「**向き合う**」ことが肝になります。

ここで，「怒りの構造化筆記開示法」（遠藤・湯川，2018）を子ども向けにアレンジした「**怒りを活かすメソッド**」を紹介します。このメソッドは，怒りの維持過程モデル（遠藤・湯川，2011；2012；2013a）をもとにして生まれたものです。すなわち，怒りはなぜ維持されるのかについて調

べた結果を応用することで，怒りが維持されないようにするためにはどうすればよいかを見出し，その方法をまとめたものがこのメソッドです。

「怒りを活かすメソッド」は，怒りに向き合い，考えるという内容がメインになっており，さらに過去の出来事を整理する**7つの視点**が組み込まれています。7つの視点で書くことはとても大変そうだと感じる方もいらっしゃるかもしれませんが，それらの視点が必要な理由があるのです。

第一に，怒りに関して，なぜそういう気持ちになったのか，どういう理由で怒っていたのかなど，考えを深めたうえで吐露した場合に，怒りが軽減されることが報告されています（遠藤，2009）。またこの研究からは，ただ単に「むかつく」や「キレる」「ウザい」などのように単純な表現で吐き出していたとしても十分に気持ちがすっきりしない場合もあることが示されました。一方で，怒りの感情面をできるだけ表現せずに，出来事の内容を事細かに説明したとしても（言葉にしたとしても），十分に解消されるわけではないこともわかりました。大事なことは，まずは怒りを認めて，その怒りをもたらした出来事に関する事実（客観）と自分の気持ち（主観）を一つひとつ**言語化**していくことであり，それを通して出来事への理解を深めていくことです（遠藤・湯川，2013a）。

第二に，怒りを感じた出来事について，「これは，相手の故意によってもたらされたことだ」という考えのみに固着しているうちは怒りから逃れにくいこと，また，新たな視点が得られることで怒りが低減することが示されています（遠藤・湯川，2018）。具体的にいいますと，「相手は〜すべきだ」「〜することは間違いだ」という自身が持つ**信念に気づく**こと，そして，相手にどうしてほしかったのか，自分はどうすればよかったのか，あらためて**体験を整理する**ことがポイントになります。さらに，怒りを抱いていることに抗わずに受容し，自分のことも相手のことも大事にできるような今後のつき合い方を模索することも必要です。

このように，出来事への理解や新たな視点の形成を促すために，「怒りを活かすメソッド」では，「①事実を振り返る⇒②当時の気持ちに焦点を当てる⇒③現在の気持ちに焦点を当てる⇒④自分自身の信念に気づく⇒⑤行為を振り返る⇒⑥相手との関係性を振り返る⇒⑦未来へ向けて体験からの意味を見出す」というステップを踏みます。

このような7つの視点は，自分の気持ちの理解を促したうえで，自分自身や（怒りを抱いた）相手を大事にして，体験からの**意味を見出す**といった内容になっています。「怒りを活かすメソッド」のワークシートを活用して（図3-2），子どもに書くよう促してみてください。子どもが書くことを躊躇する場合には，子どもに見える形で大人が代わりに書いてあげてもよいと思います。あくまで子どもに寄り添い，コミュニケーションをとりながら活用しましょう。

「イライラ」「ムカムカ」は，未来へのステップ！！

―怒りを"活かす"メソッド―

ダウンロード
ファイル
あり

　いやなことがあって，イライラした気持ちやムカムカした気分が続くことは，よくあることです。
怒りがなかなか消えてくれずに苦しくなることもありますよね。
　ここには，そんな怒りをそっと見つめ，ことばにしていくことで，これからどうすればよいかを見つけることができるステップ
があります。1から7の順番で，自分にすなおになって書いてみましょう。

1．どんなことがありましたか？　まずは，実際に起きた出来事や事実がどのような
　ものであったかについて，思い出して書いてみましょう。

2．そのとき，あなたはどんな気持ちになりましたか？　当時感じていたことや，考
　えていたことを，できるだけていねいに書いてみましょう。

3．これを書いている今，あなたはどんな気持ちですか？　書いてくれた出来事について，当時ではなく，今あなた
　が何を感じているかを書いてみましょう。

4．あのとき，相手に何をしてほしかったのでしょうか？　当時をふりかえりながら書いてみましょう。

6．相手に怒りを感じる前，その相手とどんな
　思い出があるでしょうか？　あなたとその
　人との思い出を，できるだけ多く思い出し
　てみましょう。

5．それではあのとき，自分はどうすれ
　ばよかったのでしょうか？
　今のあなたなら，どう考えますか？

7．自分のことも相手のことも，両方とも大事にしていくために，これからどのようにつき合っていけばよいかについて，
　自由に書いてみましょう。

図 3-2　「怒りを活かすメソッド」ワークシート

```
「怒りを活かすメソッド」の内容
 ①  どんなことがあったの？ → 事実を振り返る
 ②  そのとき，どんな気持ちになったの？ → 当時の気持ちに焦点を当てる
 ③  今はどんな気持ちなのかな？ → 現在の気持ちに焦点を当てる
 ④  相手にどうしてほしかったのかな？ → 自分自身の信念に気づく
 ⑤  あのとき，自分はどうすればよかったかな？ → 行為を振り返る
 ⑥  相手に怒りを抱く前，その相手とどんな思い出がある？ → 相手との関係性を振り返る
 ⑦  自分のことも，相手のことも大事にしていくために，これからどのように付き合っていけばよいか
    な？ → 未来へ向けて体験からの意味を見出す
```

　7 つの視点で思考していくことで，徐々に冷静さが生まれ，「なんでこんなことになってしまった
のだろう」といったぐるぐるとした考えが少しずつなくなり，怒りが軽減していく可能性があります。
これに関しては，過去の研究からも報告されており，メソッドを使用した人たちは，そうでない人た
ちと比較すると，維持されていた怒りが鎮静化する可能性が示されています（遠藤・湯川，2018；
図 3-3)。

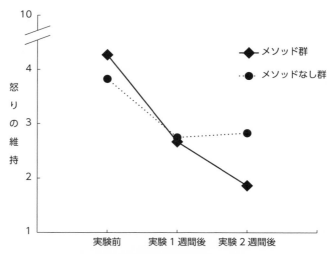

図 3-3　怒りの変化の推移（遠藤・湯川，2018 をもとに作成）

② 子どもに寄り添った対応

「怒りを活かすメソッド」は，"子ども自身が，抱えている怒りと対峙する"ことを意味します。したがって，怒りにとらわれたときに，「どうすればよいか」と子ども自身で答えを見出そうとしますので，**思考力**を高めることになります。ひとつの体験をそのまま受け流さずに向き合い，様々な視点を踏まえて柔軟に考えていくことで，再び怒りが生じたときの「**備え**」にもつながるでしょう。

ただ，ここで注意が必要です。小中学生の子どもに一人きりで取り組ませるのではなく，教員，スクールカウンセラー，保護者や祖父母と一緒に，怒りについて考える時間を過ごす際の方法として使用してみてください。プライバシーが保たれる場所で，子どもの話にしっかりと耳を傾けることが大切です。特に，小学生の段階では，感情の理解，表現力が十分に備わっているとはいえませんから，大人がサポートしてあげることが重要です。子どものペースに合わせて話を聴きながら，メソッドを活用していきましょう。

「怒りを活かすメソッド」のすべてを行わなくとも，最初の３つの視点だけで気持ちの整理につながる可能性が示されています（遠藤，2009）。ですから，焦らずに少しずつ，じっくりと子どもの気持ちを受け止めてみましょう。過去の経験に向き合い，言葉を紡いでいく過程を経ていくと，例えば，「悔しくて，悲しい気持ちだったんだ」「怒ってよいことなんだ」「相手にしてほしかったことは〜だったんだ」「次は〜すればよかったのかな」というように，あらためて自分の気持ちがしっかりと認識されるようになります。そして，自分自身がどんな気持ちの状態にあるのかが理解できるようになると，怒りはしだいに落ち着いていくのです。「そういう気持ちだったんだね，つらかったね。我慢したんだね」と出てきた言葉をそっと受け止めて，その気持ちを自分で言葉にするよう促してみてください。

子どもの気持ちを明確にし，十分に受け止めた上で，次の視点に移行するのが効果的でしょう。(1)「どんなことがあったの？」，(2)「そのとき，どんな気持ちになったの？」，(3)「今はどんな気持ちなのかな？」などによって，自分の気持ちについて明確にすることができたなら，次は，(4)「相手にどうしてほしかったのかな？」と問いかけ，相手に求めていたことを明確にし，子ども自身が持つ信念（「〜すべき」という思い）に気づくように促していきましょう。子どもがゆっくりと応えていく内容に耳を傾けながら，「そうか，ごまかさずに謝ってほしかったんだね」「味方になってほしかったんだね」と子どもの気持ちを丁寧に整理するように，返していきましょう。

③ 好ましくない言葉が続く場合の対応

　しかし，メソッドを用いたとしても，子ども自身にある程度の道徳性が身についていないと，誤った方向に思考が行きついてしまう恐れがあります。例えば，子どもが「自分が正しい」と思い込んでいた場合，怒りを言葉にしたとしても，一方的に自分の意見だけを主張したり，相手の態度を正そうと躍起になったりするかもしれません。あるいは，相手との話し合いに向けた考えが芽生えることはよいことでしょうが，その考えばかりに固執し，どう説得するかという考えよりも，相手を正すためにどう罰を与えたらよいのか，という極端な思考になることも考えられます。「あいつが悪いのだから，たたき返さないと気持ちが収まらない」「自分が悪いとわかるまで，あの子を無視しないといけない」と訴える子どももいるかもしれません。そういう場合，どのように対応しますか？

　「仕返しなんて考えてはいけません」と説得したくなるかもしれません。あるいは，子どもの持っていた根深い怒りに触れて，考えを改めさせなくてはと，大人側が非常に焦ることもあるでしょう。

　暴力や無視などといった仕返しはいけないことだ，そんなことは考えてはいけないと教える指導は，言うまでもなく，重要かつ不可欠です。しかしながら，指導だけで子どもの気持ちが落ち着くか，納得するかというと，それだけでは不十分であろうと考えられます。今，どんな気持ちを抱えているのかについて理解し，**受け止める**ことが最も重要なのです。

　心理学では，「考えてはいけない」と無理に思考を抑え込もうとすると，皮肉にも，抑え込んでいるその考えばかりが逆に浮かんでくることが知られています（Wegner et al., 1987）。すなわち，自然に出てくる考えに逆らうほど，余計に仕返ししたい衝動に駆られることが考えられます。また，人からあれこれ指示されると，自身の選択の自由が奪われたと捉えてしまい，かえってそれに抵抗してしまう場合もあるのです。これを**心理的リアクタンス**と呼びます（Brehm & Brehm, 1981）。この理論でいえば，例えば，「たたき返すのではなく，仲良くすべきです」「無視するのはすぐやめて，もっと相手と話し合うべきです」などと言われることで，それとは逆の態度をとりたくなる可能性があります。このように，人からいろいろ説得されることは，うまくいかない場合もあるのです。

　一方で，自分自身で出した考えは定着しやすいものです。まずは，子どもの心に，焦らずゆっくり接してみましょう。したがって，まずは子どもに**寄り添い**ながら，「つらかったね」「我慢していたんだね」と丁寧に言葉を添えながら，気持ちを受け止めていくことを心がけてみてください。

　例えば，「ムカつく」と繰り返し発している子どもがいるならば，「本当に腹立たしかったんだね」と十分に受け止めた後で，その「ムカつく」という言葉を掘り下げていくことも重要でしょう。本当は一緒に遊びたい，自分の気持ちを相手にわかってほしいなど，いろんな気持ちが混じり合った複雑な気持ちを「ムカつく」に集約させているだけで，本当の気持ちが心の奥底に埋もれている可能性もあります。もっといろんな気持ちを抱えているはずなのに，すぐに思いつく表現方法としての「ムカつく」という言葉に頼りすぎて，気持ちに十分に気づけないでいる子どももいるかもしれません。

「『ムカつく』の気持ちをもっと詳しく教えてくれない？」と問いかけて
みましょう。つまり，子どもとともに怒りについて考えを深めながら，
言葉を**具体化**させて，本当の気持ちを明確にしていくのです。もし，言
葉での表現が難しいようでしたら，気持ちを，お天気など身近なものに
たとえるよう促してみてもよいでしょう。曇り空のような気持ち，雨が
ざあざあ降っているような気持ち，抜けるような青空みたいな気持ち，
天気雨のような気持ち……など。実際に小学生を対象にした研究では，お天気の比喩表現と自分の気
持ちを結びつけるような実践授業を行ったところ，授業前と比較して授業後に自己に対する理解が深
まる可能性が示されています（遠藤・山本・鬼頭，2017）。

　やっとの思いで表現してくれた子どもに，「そうか，あなたは，とっても辛い思いをしていたんだ
ね。信頼していた人からあのような態度を向けられて，悲しかったし，腹立たしい気持ちだったんだ
ね」と言葉を添えて，返してみましょう。怒りはそもそも，悲しみや抑うつと複雑に絡み合う感情で
すから（日々野・湯川，2004），一つひとつの気持ちをほどいていくように他の気持ちと怒りを区
別していけば，自分の本当の気持ちに気づき，心が落ち着く可能性があります。できる限り，「①事
実を振り返る」「②当時の気持ちに焦点を当てる」「③現在の気持ちに焦点を当てる」という順番に
沿って子どもの気持ちを受け止めた上で，「④自分自身の信念に気づく」以降のステップの視点を促
すことをおすすめします。

　しかし，もし，大人側が子どもの気持ちを十分に受け止めても，その子どもが報復したい気持ちに
固執しているようなら，それは大人が予想している以上に，怒りが非常に強く，かつ苦しんでいる最
中にあると思われます。怒りや悲しみが強すぎるときに，その気持ちを言葉にして受容的に受け止め
られたとしても，それらの感情は収まることなく，かえって**思考の混乱**をもたらすこともあります
（遠藤・湯川，2013b）。特に，早すぎるタイミングで言語化を促すことはこうした混乱を招きやす
いものです。このような場合には，無理に7つの視点に収めようとするのではなく，本人の苦しい
気持ちを丁寧に受け止めた上で，メソッドを中断することも必要です。状況に応じて，カウンセラー
や医師にも支援してもらい，多様な職種の人々がチームで子どもと関わり，見守っていくことも重要
です。

④ 例示しながらの対応

　相手の視点から体験を整理したり，出来事の当時に戻って自分の気持ちを整理したりすることは，
ある程度の知識や想像力を備えていないと思いつかない可能性があります。ですから，子どもに向け
て，ステップの5つ目の視点として「⑤あのとき，自分はどうすればよかったかな？」という問い
をなげかけても，うまく表現できない子どももいます。言葉に詰まり，沈黙が続くようでしたら，そ
の沈黙にも優しく寄り添ってください。沈黙にも大きな意味があります。どのように言えばよいのか，

じっくり考えているかもしれませんし，言葉にならないイメージを広げたり深めたりしているのかもしれません。すぐに答えを求めようとせずにじっくりとつき合ってあげましょう。

しかし，子どもの沈黙が続き，困ったような表情を浮かべているのでしたら，「考えがまとまらないようだね」と温かく応えつつ，大人側が「私だったら，どうしたかな」と切り出してみてもよいでしょう。

例えば，以下のようなことを提案してもよいでしょう。

> 「予想外のことをされて，驚いて，何も言えなくなってしまうかもしれないけれど，もしチャンスがあるのなら，A子ちゃんに『すごく傷ついているの。やめて』と抵抗するかな」【抵抗してよいことを伝える】

> 「それでも，やめてくれないなら，その場から立ち去るかな」【逃げてよいことを伝える】

> 「A子ちゃんが信頼できる友だちなら，『A子ちゃんはそんなことするはずがない。何かあったの？　ちゃんと話し合いたい』と言ってみるかな」【当事者との話し合いを伝える】

> 「腹が立つとどうしても口調が激しくなってしまうから，音楽を聴いたり好きな本を読んだり，お父さんやお母さんに話を聴いてもらってから，気持ちが落ち着いた後でA子ちゃんに話し合いたいことを打ち明けるかな」【気晴らしなどでいったん気持ちを落ち着けた後，冷静な態度で臨むことを伝える】

以上のように，大人側が様々な例を挙げながら，子どもがどの例に反応し，どんな答えを見出すのか，ゆっくりと待ってあげるとよいでしょう。大人との関わり合いの中で，抵抗する，状況によっては逃げる，話し合う，気持ちを安定させてから問題に向き合う，など**対処法を学ぶ**ことができるはずです。

⑤ 未来へ向けた具体的な対応

また，6つ目の視点である，「⑥〇〇さん（相手）に怒りを抱く前って，どんな思い出があるかな？」という問い，そして7つ目の視点である，「⑦自分のことも，相手のことも大事にしていくために，これからどのように付き合っていけばよいかな？」という問いにも意味があります。

私たちは，怒りを抱いているときほど，相手への評価がネガティブな方向に偏りやすくなり，さらなる怒りを増幅させるとともに，本来あったはずの相手の良さを忘れてしまいがちです。怒りを感じた出来事より以前の，相手との関係性の中で経験した様々な体験を振り返ったり，そうした体験を共有してきた相手との関係を再び継続させようという意識を高めたりすることで，「裏切られた」「侮辱された」というネガティブな見方にとらわれた状態から離れ，視野を広げた形で，過去の出来事や相手への見方を捉えなおすことが可能となります。相手に抱く怒りや悲しみを認識しつつも，相手の良

さを理解できる状態にあれば，冷静に判断しようとしはじめているサイ
ンと捉えてよいでしょう。互いに尊重できるような付き合い方について
模索しようとするなど，建設的に思考が働く可能性があります。

　ただし，ときとして，次のような言い方にはリスクが伴う可能性があ
ります。例えば，「相手の良いところがあるはずでしょう。頭にくると
ころばかり気にしないで，今は良い面を考えてみましょう」といった問
いかけです。なぜならば，ネガティブな気持ちになっているときに，ポジティブな視点に焦点を置く
よう強いても，本来の気持ちを押さえつけることになり，かえってネガティブな気持ちが強まってし
まうことが考えられるからです（Stanton et al., 2002）。したがって大事なことは，未来へ向けて
ポジティブな方向へ考えを促そうと焦らずに，怒りや悲しみなど"今，感じている気持ち"をないが
しろにせず，最後まで，受け止めながら聴いていくことです。

❻ ストーリーとして言葉を紡ぐことの意味

　先に挙げた 7 つの視点を言語化し，（それを子ども本人，あるいは聴き手の大人が）紙に書いてい
くことで，子ども自身の気持ちが可視化されます。自分自身が怒りの気持ちに張り付き，一体化して
いた状態から，「こんな気持ちだったんだな」と少し距離を置いて眺めることができるでしょう。①
から⑦の視点へ思考が移行されると現在から未来へつなぐ指針，つまり，「この怒りをどうすれば
よいか」といった方向性が見えてくることでしょう。

　また，あとで全体を見渡せるように，7 つの視点を個々に書かせるのではなく，①から⑦までのつ
ながりが見える形で書いていくことが重要でしょう。そうすることで，どんなことで怒っているのか，
なぜ怒っていたのか，相手に求めていたのは何か，どうしてほしかったのか，そして，未来へ向けて
何を学んだのかというそれぞれの点がつながり，一本の線のようにストーリー化されていくありよう
を視覚的に整理できます。また，怒りの維持過程モデルからも，出来事に対する考えが，断片的でば
らばらの状態から，まとまりを持つもの（統合されたもの）へと転化されることで怒りが低減される
ことが示されています。

　すなわち，先に述べたように，怒りには，まだ答えが得られていない出来事に意味を見出そうとす
る機能がありますから，過去・現在・未来がまとまったストーリーとしてその出来事の意味が生成さ
れ，思考が整理されれば，抱えていた怒りは徐々に軽くなっていくでしょう。言葉を紡いでいく過程
で，冷静かつ建設的な見方ができるようになり，自身が持つ正義が再編成される可能性があります。

第3節 「怒りを活かすメソッド」の活用時のポイント

① 所要時間

　一人で書くことが可能ならば，連続して30分間かけるのが理想です。しかし，小中学生のうちは，内省する力や言語能力が十分に備わった状態とはいえませんので，一人きりで行うことは難しいでしょう。子どもから相談を受けた際に"7つの視点"に留意しながら，"じっくり聴く"ための手段として，「怒りを活かすメソッド」を活用してみてください。そのためには，20〜40分かけるのが最適です。子どもが疲れない程度に**時間を区切り**ながら，**柔軟に使用してください**。

　また，いつもと違ってイライラが目立っている子ども，浮き沈みのある子ども，学校を休みがちな子どもを目にしたら，声をかけてみてください。怒りの奥底に「助けて」のメッセージが潜んでいる可能性があります。

② 子どものペースに合わせて

　子どもが泣いたり興奮したりと，感情が先にあふれて言葉が追いつかない状態のときには，その感情を受け止めることが最優先になります。一度に7つの視点をすべて取り入れようとせず，今日は3つの視点までに留める，次回は残り4つの視点を用いる，というように状況に応じて，子どもとの対話を大切にしてください。子どもの個性によっては，7つの視点すべてを扱うのは困難という場合もあるでしょう。3つの視点まででも有効であることがわかっていますから（遠藤，2009），焦らず子どものペースに合わせて聴いてみましょう。

　また，子どもの心身の健康状態を見極めて用いてください。心と身体は連関していますので，身体がだるい状態であるならば，心（気持ち）もネガティブなほうへ向きやすくなりますし，逆に，心（気持ち）が晴れないときであれば，免疫力が低下しやすくなり，風邪を引いたり，便秘や下痢になったり，頭痛に悩まされたりと，身体の状態が悪くなるかもしれません。子どもの怒りが激しすぎるとき，あるいは，体調が優れないときには使用を控えてください。

③ 柔軟な使用を

　「怒りを活かすメソッド」を使えば，すべての怒りをコントロールできるようになる，とはいえません。残念ながら，心の問題については万能薬というものはないのです。ひとつの方法に固執せずに，様々な対処を柔軟に用いることが大事です。例えば，深呼吸する，身体をほぐす，気晴らしをするなどして気持ちを安定させたのちに活用するなど，**様々な対処と組み合わせて**みましょう。

　また，「怒りを活かすメソッド」は気持ちの理解を促すだけでなく，「人とのつきあい方」について深く思考する（内省する）内容にもなっています。よって，このメソッドに加えてソーシャルスキル

トレーニングを併用すれば，怒りを過度に抑制して他人に何も言えなくなったり，あるいは逆に，怒りを抱いた相手に口汚く表出したりすることが減り，自分も相手も大事にしつつ，場に応じて，より適切に怒りをコントロールする力が身につくであろうと考えられます。ぜひ，お試しいただければと思います。

 TRY 3 子どもが人間関係の中で怒りを感じているときに，どのように支援すればよいかについて，考えてみましょう！
● その際，先ほどの1から7の視点も含めてみましょう！

おわりに

　「怒りを活かすメソッド」は，子どものみならず大人もまた，配偶者，きょうだい，親，友人，職場関係者など，広く，対人関係を見つめるためのツールとして役立ててほしいと思っています。自分自身が持つ怒りがどのような状態にあるのか俯瞰して眺めることができれば，余裕を持って，そして本来の力を発揮して，子どもたちに向き合うことができるでしょう。ぜひ，教員，スクールカウンセラー，保護者の皆さまにも，**ご自身を労わるツール**のひとつとして，「怒りを活かすメソッド」を活用していただければと思っています。

Stop 暴力の連鎖
子どもへの体罰禁止を広げていくために

高祖 常子　認定NPO法人児童虐待防止全国ネットワーク 理事

　筆者は，虐待や虐待死の第一歩目に「言うことを聞かないから叩く」という体罰（暴力）があると思っています。しかし，日本では「しつけのために，叩いて言うことを聞かせる」という考え方は根強いのが現状です（セーブ・ザ・チルドレン2018年調査によると，子どもへの体罰肯定派が6割；引用文献参照）。

　2018年3月に東京都目黒区で5歳の結愛ちゃんが，2019年1月に千葉県野田市で10歳の心愛ちゃんが虐待によって命を落としたニュースは，連日日本中を駆け巡りました。この大きな事件によって，法律が大きく動いたのです。**2019年6月に「親権者からの体罰禁止」を盛り込んだ，「児童福祉法等改正」が満場一致で可決成立**しました。改正法では，親は「児童のしつけに際して体罰を加えてはならない」とされました。

　その後，厚生労働省の「体罰等によらない子育ての推進に関する検討会」（2019年9月～2020年2月）が開催され（筆者も委員を担わせていただきました），「体罰等によらない子育てのために～みんなで育児を支える社会に～」というガイドラインが策定されました。体罰禁止が2020年4月からスタートしました。ガイドラインでは，「**どんなに軽いものでも**」「**暴言も含む**」「**すべての人が**」という内容が盛り込まれました。

◆**家庭内の暴力の連鎖を止めることが，社会の暴力根絶に結び付く**

　体罰禁止の法的明示は，虐待死をなくす，虐待自体を減らすベースになることはもちろんですが，子どもの権利の観点，また日本中から暴力をなくすためにも大変重要です。さらに，今までは学校教育法によって教育現場で子どもへの体罰が禁止されていたのみでしたが，これが「すべての人」となった意義は大きいと思います。

　暴力は連鎖するといわれています。虐待を受けていた子どもは，暴力を学ぶため，いじめの加害者になることもあり，大きくなると親に暴力をふるうこと（家庭内暴力）もあります。さらに，デートDVや夫婦間DV，職場でのハラスメントなど，社会の中で様々な暴力の形として現れてしまう可能性があるといえるでしょう。

　家庭や社会の中で，親から体罰（暴力）を受けず，威圧や支配を受けないこと。それは，**子ども自身の感じたことや考えたことが守られ，それを表現できるためにも重要です。**子どもは，親子間での意見のずれをコミュニケーションで解決することを学びながら成長していくことができます。そのため，友だちや恋人との間や，会社，社会の中でも暴力や暴言を使わなくなっていくでしょう。そのようなグッドサイクルが定着することによって，社会からの暴力根絶への実現につながると思っています。

【引用文献】
セーブ・ザ・チルドレン（2018）．報告書「子どもの体やこころを傷つける罰のない社会を目指して」発表──国内2万人のしつけにおける体罰等に関する意識・実態調査結果　https://www.savechildren.or.jp/scjcms/press.php?d=2658（2020年12月16日閲覧）

第**4**章 いじめのない
学級風土・学校風土をつくる
ポジティブ行動支援の活用

山田 賢治

　集団内でのいじめの発生を抑えるには，ルールの浸透だけでなく，前向きな風土づくりが大切です。しかし，様々な個性を持った児童生徒への指導だけでなく，地域や保護者の多様な考え方にも対応する必要があり，これまでの「画一的な指導」「一方的な指導」「叱るだけの指導」では通用しなくなっています。そこで近年，ポジティブ行動支援に注目が集まってきています。ポジティブ行動支援は，児童生徒の個性や家庭環境にかかわりなく，その行動に焦点を当て，ポジティブなやり方で，ポジティブな行動に変えていこうという取り組みです。本章では，いじめの発生しない集団づくりのためのスキルアップを目指します。具体的には，以下の3つです。

> **本章を読んで**
> **ここを**
> **スキル**
> **アップ！**
>
> 1．ポジティブ行動支援の基本的な考え方を理解する
> 2．エビデンスに基づいたいじめ予防策を学校現場へ導入し，改革を推進できる
> 3．応用行動分析学のABCに基づいた児童生徒への接し方や授業スキルを習得できる

第**1**節　ポジティブ行動支援の基本的な考え方

1　「叱る指導」から「ポジティブ行動支援」への転換

　「叱る」というネガティブなフィードバックに一定の効果があることは，誰もが実感するところでしょう。児童生徒の安全を守る，目の前で進行中のトラブルに対処する，といった緊急性のある場面では特に，「叱る」という即効性のある手段が必要です。しかし「繰り返されると叱られることに慣れてしまう」「長期的には効果が薄い」といった点を考えると，「叱る」一辺倒では不十分ですし，なにより多様性への対応が必要なこの時代に，押さえつける指導は通用しなくなってきています。

　そこで提案したいのが，**ポジティブ行動支援**です。ポジティブ行動支援とは，児童生徒のポジティブな行動（本人のQOL向上や本人が価値があると考える成果に直結する行動）をポジティブに（肯定的，教育的，予防的な方法で）支援するための枠組みのことです（日本ポジティブ行動支援ネットワーク，2020）。PBS（Positive Behavior Support）やPBIS（Positive Behavioral Interventions and Supports）と称されることもありますが，本章ではポジティブ行動支援と記します。

　アメリカでは2018年の時点で，全学校の約25％にあたる25,000校以上の学校で導入されてお

51

り（County Health Rankings & Roadmaps program, 2016），児童生徒の自己有用感の醸成にも有効とされています。例えば，ポジティブ行動支援では「叱る1：褒める5」のように，「叱ることもあるけれど，それ以上に褒める，認める回数を増やそう」と取り組みます。

② 3層支援モデル

ポジティブ行動支援の基本的な考え方に，**3層支援モデル**（図4-1）があります。

3層支援モデルは，ウォーカーら（Walker et al., 1996）によって医療から教育へと導入された考え方で，ポジティブ行動支援のシステムの中核として学校現場に適用されています（庭山, 2020）。すべての児童生徒に対するユニバーサルな行動支援として第1層支援，第1層支援では効果が示されず行動の問題を示す児童生徒の小集団に対する第2層支援，第1層支援および第2層支援の行動支援では効果が示されず行動の問題を示す個別の児童生徒に対する第3層支援を行います（Horner & Sugai, 2015）。すべての児童生徒に対するアプローチである第1層支援では，全児童生徒の80％くらいまでを問題解決に導くことを目標に取り組むことが望ましいとされています。逆にいうと「第2層・第3層の個別支援なしに100％達成は望めない」ということでもあります。

本章では，筆者が2019年から2020年にかけて行った学校規模のポジティブ行動支援の実践をもとに，ポジティブな風土づくりについて考えていきます。

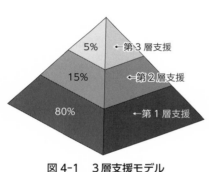

図4-1　3層支援モデル
(Horner & Sugai, 2002 をもとに作成)

そこでは実際に，全体への働きかけで目指すべき到達目標を100％ではなく80％に設定しています。例えば，児童・生徒会活動のような集団活動において，「無理に100％を目指さず，児童生徒の8割が実践できれば達成したと考える」ということです。もちろん，8割の児童生徒がポジティブに変容することで，残りの2割の児童生徒へ好影響を与えることもありますので，最終的には集団全体を変えていくことになるといえます。

③ 応用行動分析学の ABC フレーム

ポジティブ行動支援のあらゆる場面で適用されるのが，**ABC フレーム**と呼ばれる応用行動分析学の考え方です。ABC フレームは三項随伴性，行動随伴性などと呼ばれますが，本章では ABC フレームとします（図4-2）。

ポジティブ行動支援の実践を持続的かつ効果的に機能させるためには，ABC フレームに基づいた実践が重要とされています（Horner & Sugai, 2015）。具体的には，行動の前にどのようなきっかけ・状況があると行動が引き出されるのか（A，先行事象：Antecedent），そして行動が実行され

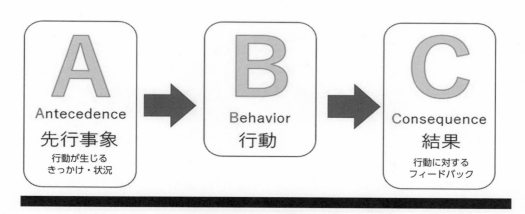

図 4-2　応用行動分析学の ABC フレーム

（B，行動：Behavior），その後にどんなフィードバックがあればその行動が繰り返されやすいのか（C，結果：Consequence），という行動の前後と行動の関係をデータに基づいて詳細に見ていくのがポイントです。ポジティブ行動支援では，そのデータの改善を目指して，子どもの行動とそれを取り巻く環境（物理的環境だけでなく，教員の指示・対応なども含む）に着目して，ポジティブな行動を伸ばしていくための支援を行っていきます。

　いじめ等の問題が起こった際，「従来の生活指導が，問題を起こした児童生徒に注目し，その問題行動に呼応した『反応型』（問題を起こしたから生活指導が入る）であったのに対し，ポジティブ行動支援は，事前に，問題が起こらないように学校自体が何をできるかという視点で考えていく『プロアクティブ』なフレームワーク」（バーンズ・中川，2018，p.11）とされています。「プロアクティブ」とは，まさに本書の目指す「予防的な」取り組みということです。つまり積極的に**仕掛け（A）**，児童生徒の望ましい**行動（B）**を**強化（C）**していくポジティブ行動支援は，いじめ等の指導上の諸問題にプロアクティブ（予防的）に仕掛けていくスクールワイドの取り組みといえます。

　次節でも詳説しますが，理論やエビデンスに基づかない教育実践では効果が不確かで，徒労感が増します。まずは，基本的な考え方をここで再確認しておきましょう。

ポジティブ行動支援の基本的な考え方について振り返ってみましょう！
- ポジティブ行動支援とは何でしょうか？
- 3 層支援モデルの第 1 層（全体指導）の達成目標は何％でしょうか？
- ABC フレームの ABC とは，それぞれ何のことでしょうか？

④ ABC はあらゆる場面で発生している

　ABC が適用できる場面は，日常生活のあらゆるところに存在します。「メモのとり方を事前に指導していないため，忘れ物が多くて，怒る場面が増える」というのは，事前の仕掛けが弱いだけでなく，叱ることで忘れ物という不適切な行動を減らそうとするネガティブな ABC です。一方，「メモのとり方を事前に教えたことにより，実践する子が増えて忘れ物が減り，褒める機会が増えた」というのは，ポジティブな ABC の例です。

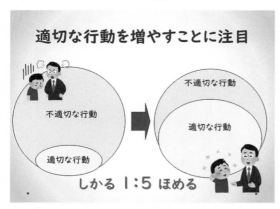

図 4-3　適切な行動で上書きする
（近畿大学・大対香奈子准教授講義資料より，許可を得て転載）

　あたりまえのことですが，人間は一度にひとつの行動しか取れません。「適切な行動」と「不適切な行動」のどちらかしか取れないのであれば，不適切な行動に対して叱るよりも，適切な行動が取れるように促して褒めていこうという作戦です。「不適切な行動を，適切な行動で上書きする」と考えてもよいかもしれません（図 4-3）。行事でも授業でもない，ふだんのささいな声かけの場面にも，児童生徒の行動を変容させる ABC が存在していることを，まずは意識してみてください。失敗・成功にかかわらず，ある行動（B）の前後には先行事象（A）と結果（C）が伴います。叱って不適切な行動を減らそうとする指導は短期的な効果しか発揮しません。基本的には「前向きな声かけをすることで，望ましい行動が強化される」ことを目指しましょう。

　行動に対するフィードバックには，様々な方法が考えられます。うなずいたり見守ったりといった態度による**承認**，言葉での**称賛**，表彰状などのモノによる**賞賛**などです。無理にベタ褒めする必要はありません。頑張っていることに気づいているよ，というサインを送れればよいと考えましょう。また，表彰状やカードなどのモノで賞賛されると喜びは大きいですが，フィードバックまで時間がかかります。直後のフィードバックほど効果が大きいため「60 秒ルール」という用語まであります（島宗，2019）。ときには丁寧さより素早さを重視したフィードバックを意識してみましょう。

第2節　エビデンスに基づいて，いじめ予防策を学校現場へ導入する

　様々な研究大会に参加していると，「とりあえずやってみました」という発表も多く見られます。データがあったとしても児童生徒のアンケート程度で，エビデンスに基づいて教育効果を検証した研究はとても少ないことに気づかされます。しかし多忙な教員が，働き方改革を進めながら実践研究を

しようとするならば，投入した時間と労力が報われてほしいものです。そのためには「選択と集中」や「取捨選択」をし，コアとなる要素へリソースを集中投入する必要があります。では，その判断基準は何でしょうか。それはエビデンスです。どんな教育手法にもいえることですが，理念なくツールだけ導入すると「手間の割に結果が見えない」ことが，ままあります。「苦労した甲斐があった」と言うためには，現状を正確に分析し，目指すゴールを明確にし，最も効果的と思われるポイントに集中的にリソースを投入し，その効果をデータで検証することが必要でしょう。試してみたくなる教育活動は数多くありますが，すべての活動を採用できない以上，効果が高いエビデンスのある活動に力を注ぎたいものです。

　本節では，筆者が実際に中学校に導入した「学校規模ポジティブ行動支援」の例（山田・松山，2020）をもとに，学校現場への導入の仕方についてスキルアップを目指します。

１　エビデンスの重視と実験計画法

(1) エビデンスの定義

　エビデンスとは，科学的根拠のことです。ポジティブ行動支援のポイントとして「**学校全体の取り組みであること**」と「**3層支援に基づくこと**」が重要とされています。3層支援が教育現場に導入されてからの20年間で得られたポジティブ行動支援導入時の知見として，以下の4点が挙げられています。

- ・児童生徒の行動の変化に注目し，エビデンスに基づいて検証すること
- ・学校にポジティブ行動支援のシステムを構築すること
- ・意思決定のためにデータを収集すること
- ・組織的に導入すること

　つまり教員の勘や慣習ではなく，**データに基づく実践を学校全体でシステム化する**ことによって，ポジティブ行動支援の効果が現れるということになります（Horner & Sugai, 2015; Walker et al., 1996）。

(2) 実験計画法

　本章で説明する「学校規模ポジティブ行動支援」の導入例では，応用行動分析学の実験計画法が適用されています。実験計画法とは，行動への介入を行う前にベースラインデータをとり，その変容を見る評価法です（杉山ら，1998）。取り組みを始める前のベースラインデータを取っておかなければ，取り組みが成功したのかどうか判断できません。最低でも取り組み前と取り組み後の2回は，同じ条件でデータを取る必要

があります。データを収集しない（エビデンスに基づかない）活動をやみくもに繰り返すのは，ただ疲弊するだけで，働き方改革の流れにもそぐわないでしょう。エビデンスがあることで，続ける価値のある活動と，縮小・廃止すべき活動とを振り分けることができます。本章の研究事例は「3層支援の第1層の目標（80%）に到達していない行動に焦点を当て，応用行動分析学のABCフレームに基づき，データを収集しながら児童生徒の行動の変容を促す」という方針で，「学校規模ポジティブ行動支援」に取り組んだものです。

② 自分の立場でできることを探してみる

　担任として，学年主任として，生活指導担当として，研究主任として，管理職として，カウンセラーとして――それぞれの立場でできることは変わってきます。まずは今できることを探してみましょう。例えば，普段の教育活動にポジティブ行動支援の考え方を導入する（叱る指導から称賛重視の指導に転換する）だけでも，一大改革になるはずです。最初は自分の手の届く範囲から取り組みを始め，改善が明らかに見て取れたり，周囲にデータで成果を示すことができたりするならば，学級風土から学校風土へ，すなわちスクールワイドな取り組みへと拡大していくことも可能です。まずは自身の現状を分析し，図4-2（p.53）で示したように，ABCフレームを元に手立てを考えていきましょう。

STEP 1　目指す望ましい行動（B：Behavior）を考える

■変えていきたい児童生徒の行動は何か？

　本書のテーマである「いじめのない学級・学校」を実現するために必要なことは何でしょうか。足りないと感じていることを言語化してみてください（例：人間関係を構築したい，ポジティブな学級活動を増やしたい，ちくちく言葉をふわふわ言葉に変えるなど言葉を適切に使えるようにして学級の雰囲気を良くしたい）。

■どのような状態に持っていきたいか？（行動モデル）

　ゴールをイメージしましょう。望ましい行動とは何か，うまくいっていない場合はどのような行動が想定されるか，などを事前にシミュレートしておきます。

■なぜ，その行動が変わるとよいのか？

　ただ強制されるのと，「こうなってほしい」という願いや理由とともに促されるのとでは，やり甲斐や自主性が大きく変わってきます。これは児童生徒のみならず，職場で同僚や上司に提案する際にも同様でしょう。なぜ（WHY）が伝えられるようにしましょう。

■現在の達成度は何%か？

　すでに児童生徒の80%ができている活動を100%に持っていくのは全体指導では難しく，また全員ができることを望むのがよいとも限りません。半分以下の児童生徒しかできていないような課題

を，探してみてください。あるいは 8 割以上の児童生徒ができている行動に対して，要求する質を高めることで，すでに達成している子も再び挑戦が必要になるような達成目標を考えてみてください。半数程度しかできなかった活動を 8 割の児童生徒ができた時点で，すでに学級・学校風土は変わり始めているはずです。

> **TRY 2**
>
> あなたの立場で取り組みたい活動は何か，具体的に考えてみましょう！
> - 変えていきたい児童生徒の行動は何ですか？
> - どのような状態に持っていきたいですか？
> - なぜ，その行動が変わるとよいのか，説明できますか？
> - 現在の達成度は何％ですか？

STEP 2 仕掛け（A：Antecedent）を考える

■自分の役職・立場で仕掛けられる作戦は何か？

学校全体が研究指定を受けるなどすれば，トップダウンで色々なことを動かせるかもしれません。しかし，常に全権が与えられているわけではないでしょうから，自分の立場から動かせるものをブレーンストーミング的にあげてみてください。学級，授業，児童・生徒会，委員会，清掃，係活動……。そして，できればその枠組みの中で児童生徒自身が集会やポスターで呼びかけ，児童生徒自ら望ましい行動を取れるよう促していきましょう。

STEP 3 データの収集（D：Data）

■どうやって行動を見取り，データを収集するか

エビデンスに基づかない活動は，取捨選択の判断ができません。継続する価値があるのか，さらに強化すべきか，または縮小・廃止すべきか，などを的確に判断するためにも，データの蓄積は必須です。図 4-4 にあるように，「理由／いつ／どこで／だれが／何を／いつまで／どのように」という 5W2H の視点を参考に，数値などのデータで記録する方法を準備しておきましょう。

STEP 4 フィードバック（C：Consequence）

■児童生徒へのフィードバック

児童生徒が望ましい行動を取ったときに適切なフィードバック（承認，称賛，賞賛）をすることで，望ましい行動を再生・強化し，望ましくない行動を取ってしまった周囲の児童生徒にもモデルを示すことができます。称賛回数を増やしたり，称賛の仕方のバリエーションを増やしたりすることは，ポジティブ行動支援のハイライトのひとつです。

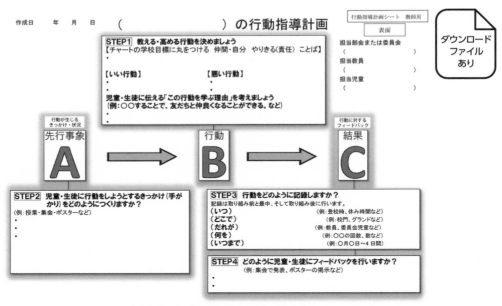

図 4-4　行動指導計画 (松山, 2018)

TRY 3　TRY2 で上げた目指す行動（B）を促進するための計画を立ててみましょう！
実際に行動指導計画（図 4-4）に書き込んで，指導計画を具体化してみてください。

この行動指導計画は，ABC フレームに基づいた実践用のシート（松山，2018）なので，これに従って進めることでおのずと ABC フレームを意識することになります。また，岡山県倉敷市教育委員会はデータを活用することの重要性から，ABC のあとに D（データの活用）を追加しています。PDCA サイクルを回すように，ポジティブ行動支援もデータをもとに修正し，改善していくことが大切です。

③ データを取ることで改善に活かし，周りに提案できるようにする

しっかりと収集したデータをもとにエビデンスを示すことで，やり甲斐を実感し，周囲にも説得力を持って提案していくことができます。アンケートにしろ，数値で記録するにしろ，効果を理論的に検証するためには最低でも取り組みの前後に同じ手法でデータ収集する必要があります。活動開始前の**ベースライン期**（普段，何も手立てをしていないとき）と，**介入期**（取り組みをしているとき）との差をグラフにするなどして比較してみましょう。「毎週，同じ曜日にデータを取る」とか「曜日による差を見るため，ある週だけは毎日データを取る」など目的を持ってデータ収集に当たれば，「月曜日はデータが落ち込む」などのエビデンスが得られるようになります。

TRY 4

データの取り方を，より具体化してみましょう！

年間行事予定表や月の予定，週案などを広げ，以下の項目を検討してみてください。

● 活動前，活動中，活動後など，最低 2 〜 3 回，データの収集ができるか？

● そのデータは数値化・グラフ化できるか？

● 誰がデータ収集しても客観的なデータが得られるような判断基準が設定できるか？

● 児童生徒自身がデータ収集を行うなど，取り組みの運営に参画できるか？

これらを事前に詰めておくことで，取り組みを始めるベースラインデータから，取り組み中，取り組み後の調査まで，一貫した手法でデータ収集することができます。そして表計算ソフトなどを利用して折れ線グラフで表示すれば，取り組みがどの程度成果を上げたか，続ける価値はあるか，修正する余地はあるか，などの議論ができます。また児童生徒自身がグラフを作り，集会などで発表すれば，児童生徒主体のポジティブ行動支援の完成です。

第**3**節　学校規模ポジティブ行動支援の導入例

筆者が研究主任を務めた 2 年間で常に意識していたことは，「業務の効率化」や「選択と集中」です。教育効果の高そうな活動だったとしても，新しい試みを導入することへの心理的負担は大きいものですし，その教育効果を評価しようと思うと，おのずとアンケートなどの調査も必要になってきます。行事やアンケートを精選し，本当に必要なデータ収集に労力を集中すれば，現場の負担感を抑えながら新しい取り組みができるのではないでしょうか。

では，実際に学校全体のポジティブ行動支援に取り組んだ中学校の例を見てみましょう。導入は以下の手順で行われました。

（1）活動を今ある研修や分掌に位置づけ，ABC の視点を共有する

（2）目指す望ましい行動を設定する

（3）行動指導計画を埋めながら，具体的な介入方法を決めていく

（4）取り組みと同時にデータを収集し，エビデンスに基づいて修正していく

1　活動を今ある研修や分掌に位置づけ，ABC の視点を共有する

本章の事例は，岡山県中学校教育研究会から指定を受けた校内研究の実例です。日頃から「叱るだけの指導では回らなくなってきている」という課題意識もあり，ポジティブ行動支援が研究テーマに選ばれました。研究予算がつくことや，全教職員で取り組めたことを考えると，学校として指定を受けたことには大きな意義がありました。前述のように，ポジティブ行動支援は「学校全体でシステム

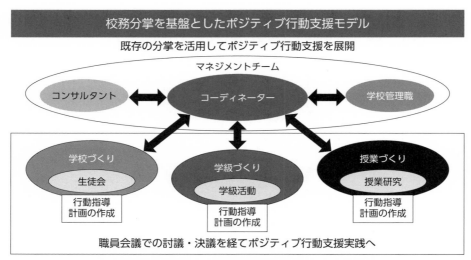

図 4-5　学校規模ポジティブ行動支援を展開するための校内組織図

化する」ことで大きな効果を発揮するからです。

　まずは校内の活動を網羅すべく，校務分掌の中に「前向きな学校づくり」「支え合う学級づくり」「学び合う授業づくり」という大きな 3 つの柱を設定しました（図 4-5）。

　そして，第 1 節で紹介した 3 層支援や ABC フレームについての校内研修を早い段階で行うことで，全員の意識を統一します。今回の事例では，毎月 1 回以上の校内研修を年間行事予定に設定し，研修当日は授業時数を減らし，6 時間目や午後の時間をあてるなどして，勤務時間内に十分な研修時間を確保しました。また年に数回，外部のコンサルタントに校内研修の講師をしてもらいました。

2　目指す望ましい行動を設定する

　学校規模のポジティブ行動支援に取り組むには，学校全体，教職員全員でゴールをイメージする必要があります。児童生徒と教職員両方が目指す目標となる，望ましい行動の一覧表（以下，「望ましい行動表」）を作り，職員室や廊下，各教室に貼りだしましょう（表 4-1）。行動表の作り方として一般的には，縦に行動場面を，横に校訓などの価値項目を並べます。行動場面は，主な活動（あいさつ・美化活動・2 分前行動など）を数個選んでもよいですし，一日の学校生活を「朝の会」「授業」「清掃」というように時系列に並べてもよいでしょう。この表を見ながら生活することで，児童生徒も教職員も各場面における望ましい行動を意識できるようになります。各学級の学活で児童生徒が中心となって表を作ってみるのも，自ら参画する意識を高めるのに有効でしょう。

　もしすでに学校をあげて取り組んでいる重点活動があれば，それらを縦の行動場面に設定するとよいでしょう。また縦×横の合計マス数が多くなりすぎないほうが，児童生徒・教職員ともに内容が記憶に残りやすくなります。表の中に書き込む言葉も，望ましい行動をしている姿が目に浮かぶように，

表 4-1　望ましい行動表（サンプル）

場面＼価値	（校	訓	な	ど）
あいさつ	明るく あいさつ （笑顔で）	気付いたら先に あいさつ （大きな声で）	正しい言葉で あいさつ （相手を見て）	誰にでも あいさつ （同級生・先輩・後輩・ 家族・地域・来校者）
美化活動	終わりの あいさつができる （大きな声で）	活動場所に すばやく集合できる （時間までに）	自分の分担を きちんと果たせる （丁寧にすみずみまで）	自分の分担以外にも 取り組める （汚れを見つけて）
2分前行動	授業の準備が できている （必要なものだけ出す）	予習をしている （教科書を開いている）	2分前に 着席ができる （正しい姿勢で）	静かに待とう 呼びかけができる （自分も友だちも）

シンプルでポジティブなものにしましょう。「ろうかで騒がない」を「来客の多いエリアでは声を抑えよう」に置き換えるなど，否定語を使わず，肯定的な言葉にするのがポイントです。ポジティブな言葉を探すことが，自身のポジティブな語彙を増やすことにもつながります。

❸ 行動指導計画を埋めながら，具体的な介入方法を決めていく

望ましい行動表というゴールが設定できたら，その中の個々の活動を具体化するために行動指導計画を書き込んでいきましょう（図 4-4，4-6）。

STEP 1　伸ばしたいと思う望ましい行動を選び，行動（B）欄に具体的な成功イメージを書き込みましょう。80％に到達していない活動を目標に上げるのがポイントです。

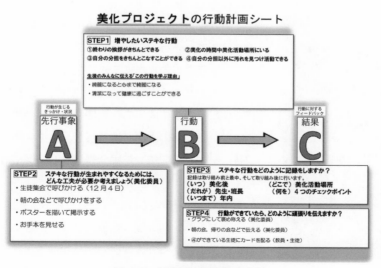

図 4-6　行動指導計画の記入例

STEP 2 事前の仕掛け（A）をせずに，望ましい行動を求めることはできません。誰がどのように呼びかけるか決めていきましょう。

STEP 3 客観的なデータが取れるよう，活動の記録方法を決めておきましょう。また，その活動が成功したか判断するためには，活動前の状態（ベースラインデータ）を記録しておいて，活動後と比較することが大切です。

STEP 4 児童生徒へのフィードバック（C）方法も考えておきましょう。誰がどのようにフィードバックするかイメージすることで自身のフィードバック力を伸ばすことにもなります。

④ 取り組みと同時にデータを収集し，エビデンスに基づいて修正していく

データがあることで変化の有無を確認でき，やり甲斐を高めることもできます。取り組みを始める前のベースラインデータを取って，児童生徒の変容を科学的に検証しましょう。全体指導の目標は80％までとする3層支援の考え方を参考にするなら，「半分程度しかできていない」活動を「8割」に持っていくという目標が妥当でしょう。以下に実践例をいくつか紹介します。

実践1 先取りあいさつ運動

筆者の研究実践のひとつである「先取りあいさつ運動」は，生徒会担当教員が学校づくり部会長となり，生徒会総務の生徒を中心に取り組んだ例です。例年のあいさつ運動を行った場合，取り組みの有無にかかわらず最初から8割以上の生徒があいさつを返してくれるだろうと予測できたため，自分からあいさつできた人だけをカウントする「先取りあいさつ」が採用されました。ポスターや集会などで先取りあいさつの良さを伝えた上で（A：仕掛け），自分から声をかけるあいさつが実践できるか観察し（B：行動），実際にできた人には紫陽花や花火の絵（図4-7）を完成させるために必要なカラーシールを渡して，絵に貼ってもらう（C：結果をフィードバックして行動を強化する）ようにしました。できた生徒が自分でシールを貼ることで花火などの絵が完成していくため，できた子へのフィードバックがそのまま成果の発表につながり，データの収集もしやすいという効率のよい方法でした。生徒主導の活動にしつつ，同時にデータの収集や結果発表がスムーズになる方法を，ぜひ考えてみてください。

図4-8は1年半にわたって取り組みを継続した際の推移グラフです。開始前や取り組みを行っていないベースライン期と，取り組み中である介入期とで明らかな差が出ていることがわかると思います。新入生が入ってくる年度はじめは50～60％

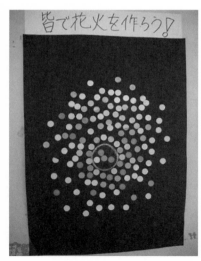

図4-7 花火ポスター

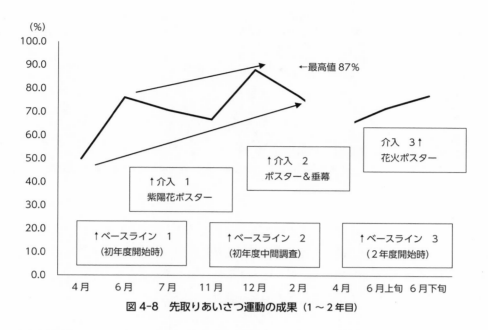

図4-8　先取りあいさつ運動の成果（1～2年目）

程度の実践度だったものが，取り組みを繰り返すほど最高値・最低値ともに上昇することがわかりました。また事前の想定どおり，第1層支援の目標である80％を少し超えた87％が最高値となりました。

実践2　ポジティブ行動カード

　ポジティブ行動カードは，名称やサイズは学校ごとに様々ですが，ポジティブ行動支援に取り組む学校では積極的に取り入れられている活動です。前述の「60秒ルール」のように，素早いフィードバックが重要です。行事・授業・休み時間など時と場所を問わず，ポジティブな行動が見られたときに即座に配布できるポジティブ行動カードは，フィードバックの速さと，モノによる賞賛とのバランスが取れた手法といえます。自校作や児童生徒作のデザインを校内で印刷して使用する場合が多いようですが，名刺印刷などを格安で行っているネット印刷業者を利用するのもひとつです（図4-9）。

　基本は，教員が児童生徒のポジティブな行動を称賛・承認するために使用します（表面）。すでに「望ましい行動表」を設定している場合，それに応じた場面や望ましい行動を記載し，できたときに「あいさつ＋明るい」のように○をつけるだけで済むようにレイアウトしておくと，フィードバックが早くなり，渡す側の負担感も大きく減らせます。切り取り線の入った横長のチケットに印刷して児童生徒用と教員保管用に分けて渡す手法を取る学校もありますが，2倍の手間がかかることを考慮し，筆者は名刺サイズのカードを採用しました。児童生徒が受け取ったあと，教室内に設置したカード入れに保管するなどすれば，あとでゆっくり集計もできます。記入法も「場面＋行動」の最低限2カ所に○をつけるだけで渡すことができて手軽な一方，余裕のあるときは文章を書くことも可能にしてい

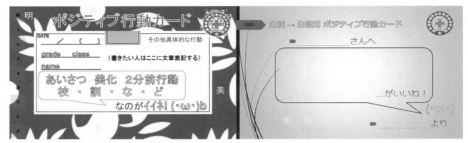

図 4-9 ポジティブ行動カードの例（左は表面：教員→生徒用　右は裏面：生徒→生徒用）

ます。実際に運用した際，文章で書くことは義務ではなく各自の自由としましたが，意外と多くの教員が文章を書いてくれました。教室のカード入れに保管したカードは，あとで委員会がカウントするか，各自が自分で集計して振り返れば，児童生徒中心の活動にすることができます。

　筆者の場合，「先取りあいさつ運動」は生徒会総務が，「ポジティブ行動カード」は JRC（青少年赤十字）委員会が集計を行いました。事前に児童生徒でも集計しやすい方法を考えておくとよいでしょう。「効果薄だから廃止・変更する」「児童会・生徒会活動の軸にしたいから強化・継続する」といった決断をくだすためにも，データの収集は必須です。「先取りあいさつ運動」のようにグラフで成果（エビデンス）を示せれば，参画した教員も児童生徒もやり甲斐や手応えを感じられることでしょう。

実践3　授業における称賛回数の向上

　学校規模でポジティブ行動支援に取り組む実践は増えてきているものの，中学校の授業における教員の称賛回数に焦点を当てたものは多くありません。ポジティブ行動支援の研究が進んでいるアメリカでも，研修を受けていない教員の称讃回数は 45 分で 10 回に達するかどうかです（Pinter et al., 2015）。児童生徒の自己肯定感を醸成し，学習意欲を向上させるためにも，称賛の手法や回数の改善が求められています。

　県によって指導案の形式は異なるかもしれませんが，「学習活動」「教員の指導・支援」「学習評価」などの項目が並んでいると思います。これを ABC フレームに当てはめるなら「望ましい児童生徒の学習活動（行動：B）」をまず設定し，そのための「教員の指導・支援（仕掛け：A）」を準備し，児童生徒の行動に対して「学習評価（フィードバック：C）」を返す，ということになります。大きく違うのは，評価とフィードバックの扱いの差です。指導案における評価は記録に残せるよう，項目を多くしすぎないことがポイントになってきます。一方，ポジティブ・フィードバックは，45 ～ 50 分の授業で可能な限り多く称賛することを目指します。そこで，「授業のどこで，どのように称賛・承認していくか事前にシミュレートするツール」が ABC シートです（図 4-10）。

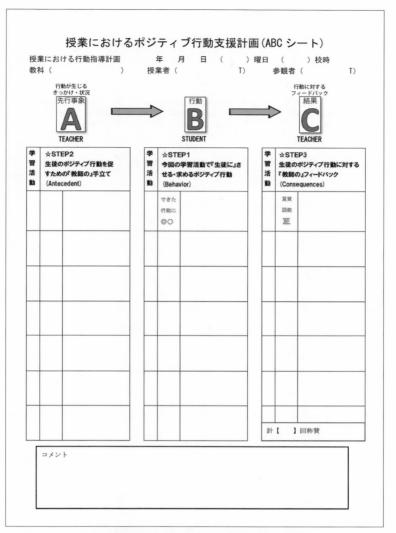

ダウンロード
ファイル
あり

図 4-10　授業におけるポジティブ行動支援計画（ABC シート）

　授業開始前の段階では，着席の早さや準備の様子や提出物についてコメントできるでしょう。授業
開始後は，児童生徒の回答に対して反応することに加え，集中して取り組む様子や，友だちにアドバ
イスする様子なども称賛の対象となるでしょう。授業の道具の準備・片付けに対しても，フィード
バックが可能です。これらの称賛場面を事前に ABC シート上でシミュレートしておくだけで，1 コ
マの授業内の称賛回数は大きく増えるはずです。筆者の実践校の教員からは，「手間はかかるが，授業
での具体的な声掛けをイメージして準備できるので引き続き使おう」という意見が多く出ました。
　学習活動の枠には活動名や，指導案に書いた活動順を示す数字を書き込むといいでしょう。残りの

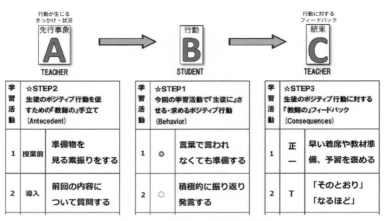

図 4-11　ABC シートの記入例

2 枠には，具体的な支援策や称賛方法などを書き込んだり，実際に授業で実行できていたかを○や正の字で書いたりします。授業見学者に，称賛回数をカウントしてもらうとよいでしょう。もし一人で試みる場合は，「ビデオに取ってあとからカウントする」「指などにカウンターをつけて授業をしながら自分で計測する」などの方法もあります（図 4-11）。

　ABC フレームに書き込むだけでも，授業の内容をシミュレートしたことになりますが，実際の授業後に称賛回数や称賛方法のバリエーションを振り返ることで，データを元に授業改善することができます。また，段取りよく授業を進めることが，授業で称賛を増やす余裕を作ることにもなるため，ポジティブ行動支援以外の授業改善にも影響します。

　例えば，中学校の理科の授業で，最初のクラスでは 24 回だった称賛回数が，授業後の振り返りを 2 回繰り返す中で，2 クラス目で 50 回，3 クラス目で 96 回まで向上した例（図 4-12）があります。十分な振り返りや，次の授業に向けての検討会を行うことで，授業の段取りが良くなることと連動して，称賛回数が向上します。この教員は，研究 2 年目においても高い称賛回数を維持しています。1 年目、2 年目ともに 1 クラス目の授業よりも，振り返りを経た 2 クラス目の授業のほうが称賛回数は伸びています。研究授業や教員自身の振り返りの重要性が，エビデンスで示された一例といえるでしょう。

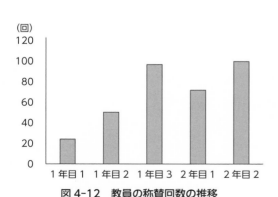

図 4-12　教員の称賛回数の推移

まずは称賛回数の増加を目指すのが取り組みやすいと思います。次に称賛のバリエーションを増やしていきましょう。前述のように行動を認める**承認**，言葉で褒める**称賛**，モノで讃える**賞賛**など，やり方は色々あります。60 秒以内のフィードバックが重要であることを考えると丁寧なほうがよいとも限りませんから，時間対効果も考えながら取り組んでください。「褒めて伸ばす」「ベタ褒め」などに違和感を持つ方もいるかもしれませんが，称賛のバリエーションを増やすことで自然な声のかけ方が見つかります。無理なく，さり気なく褒める・認める方法を探してみてください。「あなたの行動をちゃんと見ているよ」ということが伝われば大丈夫だと思います。

おわりに

本章では，ポジティブ行動支援を活用した，いじめのない学級・学校風土づくりのためのスキルアップを目指しました。教員の称賛回数を増やすと，児童生徒の問題行動が減少し，望ましい行動が増加したという希望に満ちたエビデンスがあります（庭山，2020）。教員一人ひとりの取り組みが，学級から学校へと広がり，最終的に社会に広がっていけば，いじめも減って，世の中はきっと今より生きやすくなっているのではないでしょうか。

発達障害のある子どもへの支援
民間学習教室におけるいじめ対応の事例から

野口 晃菜　株式会社 LITALICO ／ LITALICO 研究所所長

　自閉スペクトラム症や注意欠如・多動症などの発達障害のある子どもについては，いじめ被害・いじめ加害のリスクがともに高いということが報告されています。発達障害のある子どもがいじめ被害・いじめ加害につながる背景には様々な要因があります。例えば，言葉で表現するスキルの未習得がゆえに暴力・暴言により要求を伝えたり，嫌なことをされても嫌と伝えることが難しかったりすることもあります。また，他の子どもと同じ行動をすることが難しい場合，周囲から敬遠されたり指摘をされたりすることもあります。

◆**LITALICO におけるいじめに対する支援**

　株式会社 LITALICO の運営する教室 LITALICO ジュニアには 8,000 名を超える発達障害などのある子どもが通っています。LITALICO ではいじめ予防として，上述した言葉で表現するスキル習得のためのソーシャルスキルトレーニングや教科の補充支援を行っているほか，いじめへの支援として以下の支援をしています。

　①**早期発見**：子どもの SOS のサインとして「学校や友だちのことを話さなくなる」「登校を渋りがちになる」「家族にあたることが増える」などのチェックリストを支援員に配布し，早期にいじめのサインに気づけるようにしています。

　②**いじめが発覚した後の支援**：いじめが発覚してからは，(1)**子どもの心のケア**，(2)**保護者への支援**，(3)**学校との連携**の 3 点を実施しています。特に緊急性の高い事例については，教育委員会や児童相談所などの外部の機関とも連携しながら支援を進めています。

◆**支援事例**（事例は個人が特定できないよう改変しています）

　小学 5 年生の児童（診断：自閉スペクトラム症）が学校でランドセルを蹴られる・本人の口調を真似してバカにされる，といったいじめを受けていました。発覚後，本人と保護者の希望を確認した上で，学校（担任，コーディネーター，養護教諭），保護者，LITALICO でケース会議を実施し，状況の確認と今後の方針を相談しました。担任は状況を知らなかったため，いじめをした児童については，担任から話を聞いた上で指導をすることが決まりました。また担任から，学級内で対象児童が浮いた存在になっており困っているといった相談がありました。そこで，学級全体で自分の得意なこと・苦手なこと，苦手なことについてどのようにサポートをしてほしいかを，お互いに伝えあう授業を実施しました。あわせて，対象児童とも話し合い，クラスメートに対象児童から「声をかけるときは具体的に伝えてほしい」などと伝えられるよう，LITALICO で練習をすることが決まりました。結果，対象児童は初めてクラスで友だちができ，放課後にも遊ぶことができました。

　本事例には，学級内で本人とクラスメートの関係性があまり良好ではなく，担任も困っている，といった背景がありました。そのため，学校においては**クラスワイドな支援**を行い，LITALICO は**個別的な支援**を行うといった役割分担をすることが結果的に良い方向につながりました。いじめ対応においては，学校内外の連携が有効な手立てとなる場合があります。発達障害のある子どもへの支援に際しては，対象児童と関わりのある民間の機関や地域の資源を確認し，連携を視野に入れておくことも有用といえるでしょう。

第5章 子どもたちがいじめを予防し，解決できる仕組みづくり

修復的対話に基づく教育実践

松山 康成

　日本の子どもたちは，学年の上昇に伴っていじめ場面における傍観者が増加し，仲裁者が減少します。逆にイギリスやオランダの子どもたちは，中学校に入学以降，傍観者は減少し，仲裁者が増加することが，いじめの国際比較調査から明らかにされています（森田，2001）。この違いは何でしょうか？　イギリスやオランダの学校では，対立問題が起きにくい人間関係づくりや多様性の理解を高める取り組みが行われています。さらに対立問題を学びの機会として捉え，積極的に修復していく力を育むカリキュラムが整備されています。日本においては，特別活動や総合的な学習の時間などで，子ども同士の人間関係形成や集団において求められる態度の習得が目標として掲げられていますが，その進め方やカリキュラム構築は学校・教員に委ねられており，体系的に整備されていません。そこで本章では，子どもたち自身がいじめを予防し，さらに解決できる仕組みを学級・学校でつくっていく上で，教員に求められるスキルアップを目指します。

> **本章を読んで ここを スキル アップ！**
> 1．いじめ対応への新しい考え方（修復的対話）を身につけることができる
> 2．子どもたちが主体となっていじめを予防できる学級集団をつくることができる
> 3．子どもたちが主体となっていじめを解決できる学級集団をつくることができる

第1節　今，目指すべき学級集団とは

　人類の歴史は，対立の歴史といっても過言ではありません。私たちはこれまでに歴史上における戦争や紛争など，たくさんのもめごとを経験してきました。その中で，対立する人と人の仲を取り持つことは，人として大切な行動であることも学んできたはずです。しかし，誰もが他者のもめごとに介入し，問題を解決できるわけではありません。見知らぬ他者同士や集団の中においてはなおさらです。

　対立は，一人では起きません。他者の存在によって生まれる問題です。学校におけるいじめも，基本的には一人では起きない事象です。集団の中で生きているからこそ，生じる問題です。学校では，子どもたちが安心して友だちとのつながりを深め，社会性の伸長を図っていくための取り組みが学級担任によって行われています。そのための教員研修が日本全国各地の教育委員会で行われています。しかし，今の日本の学校における子どもたちの状況は，暴力行為発生件数，いじめの認知件数ともに過去最高を毎年更新し続けており，悪化の一途です（文部科学省，2020）。さらにはその学校別の

データに目を向けると，小学校における暴力・いじめの件数がものすごい勢いで増加しており，問題行動の低年齢化も指摘されています。

　現場はこのような状況ですが，心理学研究の世界ではこれまで，いじめやけんかなどの対立問題について様々な問題意識のもと研究が進められ，もめごとの当事者の内的な葛藤を扱った研究が行われてきました。また，もめごと場面における当事者同士の謝罪や仲直り，また許しといったやりとりについての研究も行われてきました。許しや謝罪は人が本来的に持つ対人的機能です。しかし私たち大人でも，同僚や家族などの誰かともめごとが生じれば，友人や権威ある他者，または裁判所にもめごとの判断を委ねるように，子どものもめごとにおいても，当事者同士の話し合いでは解決が難しい場合があることは容易に考えられます。

　そこで近年では，いじめやけんかなどのもめごとに修復的に向き合える学級集団をつくることを目指す，**修復的対話**（Restorative Approaches）という実践が世界で取り組まれつつあります。修復的対話の実践は様々ありますが，本章ではピア・メディエーション，サークル・タイム，ポジティブカードの実践を紹介します。

　これら修復的対話の実践によって，子どもたちにもめごとが生じた際，「自分たちのもめごとを自分たちで予防・解決することができる」という文化を学校に根付かせることができます。しかし，この修復的対話を導入したからといって，子どもがどんどん他者のもめごとの仲裁に入っていき，いじめがなくなるとか，もめごとがゼロになるというものではありません。もめごとの存在を認め，子どもたちや教員がそれを消去することを目指すのではなく，修復を経て継続的な関係を構築することを目指すものです。

第**2**節　よくある学校におけるもめごと場面から

事例1

こうた「ゆうか，僕の悪口言ってるの？」

ゆうか「言ってないよ」

こうた「隣のクラスの男子が，ゆうかが悪口を言ってるって教えてくれたよ」

ゆうか「そんなの知らないよ」

こうた「うそつけ！」──①

────言い合いが続き，周囲の友だちが担任を呼びに行く────

担　任「何があったの⁉」──②

こうた「ゆうかが僕の悪口を言ってるんです」

担　任「え！　ゆうかさん，なぜこうたくんの悪口を言ったの？」──③

ゆうか「私は言っていません」

担　任「でも，こうたくんはそう言ってるじゃない」──④

こうた「隣のクラスの男子が教えてくれました」

担　任「あら，そう！　ゆうかさん，どういうこと？」──⑤

ゆうか「私は言っていません」

担　任「本当に？　一度も言ってないの？」──⑥

ゆうか「一度も，ってわけではないけど」

こうた「じゃあ，あるってことじゃないか」

担　任「それはいけません，ゆうかさん。こうたくんに謝って！」──⑦

ゆうか「ごめんなさい」

こうた「いいよ」

　少々，担任の関わりの問題点を誇張した事例ではありますが，教員が学校で働いていると，このようなもめごとに関わる機会はよくあります。学校現場では，教員は休憩時間もなく，様々な授業の準備などで忙しくしています。よって，子ども同士のもめごとへの対応の一つひとつに時間をかけることができません。さらに保護者との衝突を避けるため，当事者の子ども同士の謝罪などによってもめごとを終結させることが優先されます。よって教員のもめごと対応は，「できるだけ早く」，「担任が判断して」，「当事者に謝罪させる」，というものになりがちです。事例1のような対応にはどのような問題があるのでしょうか。表5-1に整理してみました。

表5-1　これまでの対応と問題点

これまでの対応	問題点
①当事者同士が尊重し合っていない	子ども同士の関係性が改善しない もめごとがより複雑化し増大する
②教員が介入する	子ども同士による解決の機会が失われる 子どもがもめごとを避けようとする もめごとの本質が明らかにならない
③当事者の善悪を介入者が判断する	子どもが不満に思う
④介入者が当事者どちらかの味方につく	子どもと保護者が教員への不信感を持つ 子どもと教員の関係性が悪化する
⑤介入者の感情が高ぶってくる	教員のストレスが高まる その後の関わりに支障をきたす
⑥介入者がどちらかの当事者を責める	いじめを生む 子どもの攻撃性を高める
⑦介入者が謝罪を強要する	子どもと保護者が問題解決方法に不満を持つ 子どもが謝罪する機会を失う

① 当事者同士が尊重し合っていない

　修復的対話の大前提として，学級において，子ども同士の関係，および教員と子どもの関係が，「尊重」という価値に基づいていることが必要です。子どもたちに伝える際には，「人を大切にする」と言い換え，存在を認め大切にするという価値観を学級に根付かせることが大切です。

② 教員が介入する

　学校におけるもめごとの多くには教員が介入し，仲裁・調停する場面がよく見られます。しかし，教員がもめごとに介入することは，望ましい対応といえるのでしょうか。教員が子ども同士の対立問題へ介入し，問題の善悪を判断して仲直りさせることは，子どもが対立問題の解決方法を考える機会を失ってしまうことから，逆効果になる可能性も考えられます。また昨今，教員の多忙化が指摘されています。実際に働いているとわかりますが，子どもたちのすべての問題に対処的に関わっているだけでは，本当にいっぱいいっぱいになってしまいます。そのために本書が目指すようなプロアクティブ（予防的）な取り組みが必要だと思います。子どもたちが自分たちで自分たちのもめごとに対応し，歯止めをかけることができる「自浄作用」を持った学級集団をつくっていく必要があります。

③ 当事者の善悪を介入者が判断する

　子どもは幼少期から，他者とのもめごとが起きると，いつでも大人が解決に入ってくれました。そしてその解決過程では，必ずといっていいほど「答え（判断）」を大人が与えてくれました。しかし，その結果，子どもたちは自分たちのもめごとに対して，どのような解決策があるか，どのような妥協点があるかなど，問題を解決する術を未学習のまま成長してしまっています。このような状況では，もめごとはなぜ起きたのか，そのときの自分の感情はどのようなものなのか，相手との相違は何か，などが明らかにならないまま，勝手に解決させられてしまいます。そして，子どもたちは再び同じようなきっかけでもめごとの当事者となってしまうのです。

　学校教育でしなければいけないことは，いち早く子どもたちにもめごと解決の主体者になってもらい，解決策を自分たちで生み出してもらうことです。自分たちが出会うもめごとに対して，どのような経緯でもめごとに発展したのか，両者の言い分は何か，そこから導くことができる新しいアイディアは何かを考える機会を与えるのです。そのために第一に重要なことは，介入者が善悪を判断しないということです。

　学校では，しばしば教員がもめごとの当事者の善悪を判断しますが，それによって新たなもめごとが生じることがあります（図5-1）。例えば，もめごとの判断に不満を持った保護者が学校にクレームを入れてくることもあるでしょう。この場合は保護者と教員の対立が生まれてしまいます。また，教員の判断に子どもたちが納得しない場合，教員と子どもの対立が生まれてしまいます。さらに，保

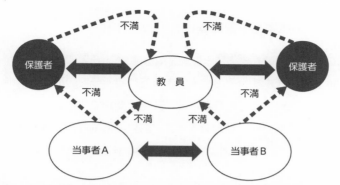

図5-1　学校現場でよく見られるもめごとの拡散（池島・松山，2016 より改変）

護者同士が納得しない場合，学校を飛び越えて保護者同士の対立を生んでしまうこともあります。

　私の知っている事例では，保護者だけでなく，祖父母までをも巻き込んだ対立に発展してしまったこともあります。このように，教員が善悪を判断することは，様々な対立を生んでしまうことにつながる場合もあります。

④　介入者が当事者どちらかの味方につく

　先述の③によって善悪を判断しようとすると，介入者は当事者のどちらかを悪者にし，どちらかの味方につくことになります。それが教員であれば，その態度が及ぼす影響はより深刻です。もし判断が誤っていて，その判断に基づいて当事者のどちらかを悪者にし，「あなたが○○したからじゃない！」「○○さんは，こう言ってるわよ！」などと言ってしまえば，どうなるでしょうか。その子と教員の関係を修復することは困難になります。また，これまで築き上げてきた両者の信頼関係も破綻することとなります。このような教員の態度は，周囲の子どもたちにとっても悪影響を及ぼす可能性があります。もめごとへの教員の介入方法によっては，学級の中におけるいじめ発生の要因ともなりかねません。

⑤　介入者の感情が高ぶってくる

　なぜ介入者は，もめごとの当事者でもないのに，感情的にならなければいけないのでしょうか。これもやはり先述の③の当事者の善悪を介入者が判断してしまうことが影響していると考えられます。介入者に「このように解決したい」という思いがあると，つい解決の「落としどころ」へと誘導してしまいがちになり，当事者の言い分からそのような発言が聞かれない場合に，怒りや苛立ちが生じやすいものです。介入者は穏やかに，近くで，静かに話をするというCCQ（Calm［穏やかに］，Close［近くで］，Quiet［静かに］）テクニックというカウンセリング方法を用いて，冷静に話を聞いてあげてほしいものです。

⑥ 介入者がどちらかの当事者を責める

これは，先述の③の延長線上で起きることだと思いますが，介入者がどちらか一方を責めて，責任を追及する場面がしばしば起きます。その様子はまるで刑事ドラマの取り調べのようです。これを学級の中で，子どもたちの前でやってしまうことは，非常に問題です。まさに，学級の子どもたちの攻撃性を，教員が先頭に立って高めているといえます。教員の何気ない一言やかすかなうなずき，また聞き流すことなど，教員の対応がいじめの生起要因になりうることが指摘されています（中井，1996）。

⑦ 介入者が謝罪を強要する

学校ではもめごとの終結方法として，「ごめんね」「いいよ」と教員が子どもに謝罪させる場面がしばしば見られます。もめごとの解決は，どちらかの謝罪によって実現するという考えを持っていませんか？　謝罪は，そのあとの保護者対応において，それがなされた事実が必要だと考える教員は多いものです。保護者も「謝ってもらったか」「謝ったか」という表面上の解決の事実にこだわります。しかし，謝罪をしたことによって，本当にもめごとは解決しているのでしょうか。謝罪の有無ではなく，当事者同士の思いに焦点を当て，その思いを尊重することが重要だといえます。

TRY 1 これまでのご自身のもめごと解決方法を振り返ってみましょう！
- 修復的対話に基づくもめごと解決とはどのようなものか考えてみましょう！
- 子どもたちがいじめを予防・解決できる学級にしていくためにはどのような工夫が必要でしょうか？

第3節　修復的対話とは

① 修復的対話とは

修復的対話（Restorative Approaches）[1] とは，コミュニティ全員を尊重するという原則のもと，コミュニティの中で起こる様々なもめごとをコミュニティ内のメンバーで修復できる人間関係の構築とその方法を学ぶ取り組みです（山辺，2011）。

学校において修復的対話を効果的なものにするためには，教員，子ども，保護者を含む学校全体で

---

[1] 修復的アプローチや修復的正義（Restorative Justice）と称されることもありますが，本稿では学校教育において馴染みやすいと考え，修復的対話と示します。

修復的対話の考え方を共有し，実践していかなければいけません。修復的対話では，①被害者が「修復的である」ということを実感できるシステムであること，②加害者も「修復的である」ということを実感できるシステムであること，③被害者・加害者間の関係の修復を念頭に置いたシステムであること，④コミュニティ中心の，コミュニティ改善のためのシステムであること，⑤未来志向で取り組みが行われていること，の5つが「修復的である」大きな基準として示されています。また，修復的対話は特定の教育プログラムを指すものではなく，あくまでも人やそのコミュニティを最大限尊重し，修復を経て継続的な関係を構築し続けるためのアプローチであるとも指摘されています (Zehr, 1990)。

② 修復的対話の学校への導入の必要性

わが国では，従来からもめごとなどの対立問題に対しネガティブな印象を抱かれやすいものです。日ごろ流れてくるテレビのニュースでは，裁判などをネガティブに捉え，どちらかといえばそのような場面は避けるべきだ，というような独特な風潮がいまだ存在します。学校場面でも同様のことがいえ，学校の先生は「けんかはいけない」「みんな仲良くしよう」というような標語を示し，それらが学校目標や学級目標に掲げられることも多いものです。これに対し，修復的対話は，もめごとが生じるのは極めて自然なことであり，起きて当然のことであるという価値観の共有が重要視されています。

③ 修復的対話の実践

修復的対話を学級に導入するにあたり，子どもたちが他者との関係において安心感を持つと同時に，他者を尊重することができる環境を教員が主体となって整備することが重要です。修復的対話の実践は世界で様々な取り組みが行われていますが，本稿では，子どもたちが主体となっていじめを予防できる学級集団をつくるための教育的支援としてポジティブカードとサークル・タイムの取り組み，さらにいじめを子どもたちが主体となって解決できる学級集団をつくるための教育的支援としてピア・

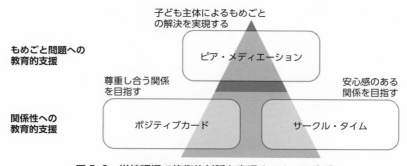

図 5-2　学校現場で修復的対話を実現する 3 つの実践

メディエーションの取り組みを紹介します（図5-2）。筆者は，これらの実践のどれかひとつを実践すれば修復的対話が実現するわけではないと考えています。個人，関係性，そしてその関係性の中で生じる問題に対して教育的支援を実践することで，修復的対話は実現していくと考えています。

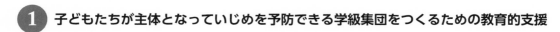

TRY
2

修復的対話の考え方について整理してみましょう！
● 修復的対話とはどのような取り組みでしょうか？
● 修復的対話における「修復的であること」の5つの基準とは何でしょうか？

第4節　授業実践

❶ 子どもたちが主体となっていじめを予防できる学級集団をつくるための教育的支援

●サークル・タイム

安心感を学級内で形成し，子どもたちが仲間に受け入れてもらっている（被受容感）と感じることができるワークとして，**サークル・タイム**があります。サークル・タイムとは，文字どおり子どもたちが輪になって座り，学校であったことや家庭であったこと，また楽しかったことや自分たちが学級で不安に思うことなどの気持ちを話し合う取り組みです。日本では，「クラス会議」などの名称で実践されていますが，ほぼ同義の実践です。筆者はサークル・タイムの実践研究を行い，ソーシャルスキル向上の効果を明らかにしています（池島・松山・大山，2012）。以下に，その実践について具体的に紹介します。

第1時間目　サークル・タイムのルールと方法の説明

サークル・タイムを行うに当たり，ルールを説明しました。ルールは以下の6つとしました。

①サークルで話す人は一人だけ
②話を聞いていることを表現すること
③パスしてもいい
④私語はジェスチャーで注意する
⑤みんなが楽しめるよう，みんなで協力する
⑥振り返りを行う

これらのルールの根底には，相手を尊重することがあります。つまり，相手に対して尊重的態度をもって話を聞き，また話し手になったときには，パスできる自由と，安心して自分の考えを表明でき

る機会が与えられるのです。自分の考えを安心して表明できる教室環境は，子どもたちに心地よい居場所を提供します。

　サークル・タイムでは，ルールの定着が非常に重要となります。このルールの設定が，教員が子どもに対して称賛する機会をつくるきっかけともなります。この時間ではルールを丁寧に解説し，サークル・タイムの実施の意図や大切な要素などについて説明することとしました。

　次に，サークル・タイムの導入として「笑顔のキャッチボール」というワークを行いました。これは右の人にマイクを渡して笑顔であいさつをしていくという簡単なワークです。サークルになることによって自然と笑顔が生まれ，一周したときには発言する抵抗感が少なくなり，次第に和やかな雰囲気となります。このようなワークを授業のはじめに入れることで，心理的な配慮を行うとともに，子どもたちがサークル・タイムに取り組みやすい雰囲気をつくることができます。

第2時間目　自分の好きなもので交流しよう

　サークル・タイムの開始時は，誰もが参加しやすいテーマで行うことが重要です。それは円滑なサークル活動を実現すると同時に，この活動に対して抵抗感を抱くことなく取り組めるよう配慮したいという思いがあるからです。まずはじめは，子どもたちが参加しやすくなるテーマとして，「好きなもの・嫌いなもの」の両方を順番に言っていくこととしました。今回は食べ物をテーマとしましたが，教科や遊びなどバリエーションを増やすこともできます。この時間を通じてサークル・タイムの実施の仕方がわかるとともに，他の友だちとの交流が生まれます。また共通するものを探ることで，他者理解にもつながっていきます。「私は○○が好きだけど××は嫌いです。その理由は……」というように理由を言うようにすると，友だちの多様な側面を知ることもできます。

第3時間目　1週間を振り返ろう

　1週間の最後に，子どもたちに「1週間で一番楽しかったこと」というテーマでサークル・タイムを行いました。数回実施すると，サークル・タイムにも慣れてきた様子で，子どもたちは話している子のほうへ体を向けて，ときにはうなずきながら聞く場面も見られるなど，サークル・タイムに抵抗感を抱くことなく，スムーズに進めることができました。

　また，この時間では友だちの意見に対して「それ，私も楽しかった」「そんなことあった」という発言が出てきました。周りの子どもたちは私語として注意するのではなく，「ほんまや，あれおもしろかった」など，受け入れる発言を行い，子どもたちが日常生活でつながり合う姿が垣間見えました。

　これらの活動によって，サークル・タイムを毎週の金曜日に「1週間を振り返ろう」をテーマに実施する仕組みを学級につくることができました。サークル・タイムにより，継続的に安心感を形成し，

子どもたちが仲間に受け入れてもらっている（被受容感）と感じることができる学級をつくっていくことができます。

●ポジティブカード

　他者への尊重を実現するワークとして，ポジティブなフィードバックを子どもたち同士の社会的な相互作用を活かして行う PPR（Positive Peer Reporting）という実践があります。筆者らは PPR を日本の学校現場で適用したワークとして**ポジティブカード**の実践研究を行い，対人的感謝や友人からのサポート，さらには学級における安心感の向上の効果を明らかにしています（松山・枝廣・池島，2016）。また，PPR が対立問題への介入行動に影響を及ぼすことを明らかにしています（松山・真田・栗原，2020）。以下に，その実践について具体的に紹介します。

　ポジティブカードとは，子ども同士，また教員と子どもが認め合うために用いるカードのことです（図 5-3）。ポジティブカードを通して，行動を増やしていくために，「感謝」と「称賛」を伝え合います。カードには，①宛先人，②行動を見た日時，③場面，④具体的な行動の内容，⑤差出人の 5 点を記入します。この実践はポジティブ行動支援でもよく用いられます（第 4 章参照）。

　取り組みの導入にあたって，まず学級で感謝や称賛を伝え合うことについて，考える授業を行いました。まず児童に対して「友だちに対して，『ありがとう』や『すごいな』，『すばらしいな』と伝えたいことはありますか」と質問し，発表し合いました。その際には，具体的に誰が，どのような時間に，どのようにしたことに対して行ったか，を発表することとしました。次に，発表で名前が出された子（ステキな行動をした子ども）に対して，「発表を聞いて，どのような気持ちになりましたか」と質問し，感情を共有しました。すると，ポジティブな行動をした子は「恥ずかしいけど，やってよかったと思う」，「自分では覚えていなかったけど，言ってくれて思い出した」，「うれしいけど，そんなことで発表してもらえるのかと，びっくりした」などと答えました。教員から，これらが感謝や称賛を伝え合う良さであること，そしてそれによって仲間同士を大切に思い合うことができること，尊重を実現することができることを伝えました。

　そして，そのあと試行的に教室の席の 4 人組のグループで，お互いに日ごろの行動でステキだな，すごいなと思うことをポジティブカードに書いて渡し合いました。その際，中には，友だちに感謝や称賛を伝えることが難しい子どもがいることがあります。ポジティブカードを書き合う際に，書けない，または書かない子どもがいた場合，書くことを強制することは難しいものです。そこで，人数分のカードをグループに配布し，全員がもらえるよう話し合って書くよう指示しました。もしグループ

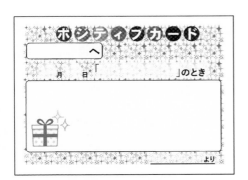

図 5-3　ポジティブカード

(© Fukubundo & Matsuyama)

に書けない子どもがいた場合は，一人の子どもが2枚，3枚と記入してそれぞれの友だちに渡し，残りの子どもの誰かがそのたくさんポジティブカードを書いた子どもに渡すということでもよいこととしました。

カードは，授業時間に学び合いを行った際や，グループで取り組みを行った際に，友だちとの関わりのフィードバックのためのツールとして用います。またホームルーム等で，班・グループで関わりの振り返りのツールとして用いてフィードバックの機会を増やすことで，効果は高まります。

取り組みを継続する中で「子どもたちが相互に尊重し合っている」ということを実感しました。わずかな行動も認め，感謝をカードで伝えることが習慣化されるとともに，思いやりを示す姿が多くなりました。しかし，取り組みの中で最も大切なことは，教員が子どもたちにとってのモデルとなり，率先して行動を認め，尊重することでした。教員が子どもたちの良き見本となって，修復的対話を実現していくことが重要です。

TRY 3	● これまでどのように子どもたち同士の関係づくりを行ってきましたか？ ● 子どもたちが主体となっていじめを予防していくために必要な学級担任の工夫とは何でしょうか？ サークル・タイム，ポジティブカードを参考に実践してみましょう！

② 子どもたちが主体となっていじめを解決できる学級集団をつくるための教育的支援

●ピア・メディエーション

ここまでの修復的対話を実現する個人と集団への教育的支援によって，子どもたちには誰とでも話ができて，誰の話でも聞くことがきる関係ができていることでしょう。これらにより，学級全員が尊重し合い，存在を認めているという集団が形成できていることでしょう。

次の段階として，子ども同士のもめごとを子どもたちが主体となって解決できることを目指します。それを実現するのが**ピア・メディエーション**（Peer Mediation）という実践です。ピア（peer）とは，仲間や同輩を指し，メディエーション（mediation）とは調停ないし仲裁のことをいいます。すなわち，ピア・メディエーションとは，「子ども同士による調停」を意味し，子ども同士のトラブル・もめごと問題に対して，子どもたち同士で解決を図ろうとする活動です。筆者は指導用ビデオ（池島・竹内，2011）を用いて日本の学級でのピア・メディエーションの実践研究に取り組み，学級の安心感の向上の効果を明らかにしています（松山・池島，2014）。また，別の実践研究では，ピア・メディエーションが対立問題への介入行動に影響を及ぼすことを明らかにしています（松山・栗原，2019）。以下に，それらの実践について具体的に紹介します。

第1時間目　クラスにはどんなもめごとがあるかな

　はじめに，学級児童のもめごとの認識を共有するために，まず学級内で見たり体験したりしたことのあるもめごとを出し合いました。これは，ある子はもめたと思っていても，別の子はもめていないと思ってしまう認識のズレが，友人関係における対立の要因のひとつだと見受けられたことから，自分が学級においてもめごとだと思ったことを出し合い，もめごとの認識の共有を図ることを目的としました。授業では，準備した“もめごとシート”にもめごとを記入しました。このシートは，本時の共有のためだけでなく，後に子どもたちが行うメディエーションのロールプレイの題材として用いることとしました。

第2時間目　メディエーターの役割を学ぼう

　メディエーションを実施するメディエーターは，双方が言い分を十分に話せるよう援助的態度をもつ中立者で，自ら判断を行いません。あくまでも当事者が解決の提案をし，合意形成できるように導く役割に徹します。うまくいかなかった場合にも，何度でも話し合うことができるオプションの機会が準備されていることを伝えます。話し合いでは，「AL'S（アルス）の法則」（Cole, 1999）を使用して行います。AL'S の法則とは「A（Agree）」，「L（Listen）」，「S（Solve）」という頭文字をとったもので，ピア・メディエーションにおける話し合いのルールです。AL'S の法則に基づいて実施することによって，メディエーターと当事者の心理的な負担に配慮します。

AL'S の法則

A = Agree　ルールを守る
　①正直に自分の気持ちを話すこと
　②しっかりと相手の話を聞くこと
　③相手が話をしているときは，決してさえぎらないこと
L = Listen　話を聞く
　①上のルールを守って，相手の話を聞く
　②話の食い違いをはっきりさせていく
S=Solve　解決へ向かう
　①解決するためにはどうしたらよいかを考え，話す
　②どうしていけばよいか，心にうかんだことを話す

　ピア・ディエーションは表 5-2 のような手順で行います。ピア・メディエーションはあくまでも，もめている当事者同士がピア・メディエーションを行うことに対する同意があって実施される手続きです。よって，当事者への同意の確認は極めて大切です。また，話し合いでは，必ず当事者一人ひとりが，メディエーターに向かって話します。当事者が面と向かって話し合うのではなく，メディエー

表 5-2　ピア・メディエーションの手順

手順	セッション	メディエーター	当事者	留意事項
1	もめごとの確認	もめていることを確認する	けんか・もめごとをしている	暴力や，話し合いでの解決が難しい場合は，先生を呼ぶ
2	メディエーションへの同意	話し合いに入っていいか，もめている人に聞く	話し合いに同意する	同意が得られなかった場合は，先生を呼ぶ
3	ルールの確認	アルスの法則を説明する	アルスの法則を確認する	ていねいに一つひとつ確認する
4	順番の決定	話をする順番を決める	決まった順番を守る	どちらでもよい場合は右の人から
5	話し合い	うなずいたり，目を合わせて傾聴する	・自分の主張をする ・相手の言い分を聞く （順番に話す）	話をさえぎらない。さえぎった場合も「少し待ってもらえる？」と優しく伝える
6	繰り返し	それぞれの主張・言い分を整理し，もう一度言う	メディエーターの話を聞く	内容を変えないよう，確認しつつ伝える
7	提案	解決策を提案する	提案に対して意見する	公平な解決となるよう心掛ける
8	同意	同意したことを確認する	同意する	気持ちがスッキリしたかどうか，確かめる

ターのほうを向いて話をします。話を聞いたメディエーターは，その当事者の話を相手に再度伝えてあげます。

　また，ピア・メディエーションにおける解決策は「Win-Win（協調・統合）」を目指します（図5-3）。そのために手順5において，自分の主張と相手の言い分を織り交ぜ，どちらの意見も協調させ，また統合させた最善の解決策を検討します。子どもたちのピア・メディエーションでは，それはとても難しいことです。そこで，手順7として，メディエーターからの解決策の提案も行います。これもあくまでも提案で，その解決策に同意するかどうかは，当事者が決めることとなります。

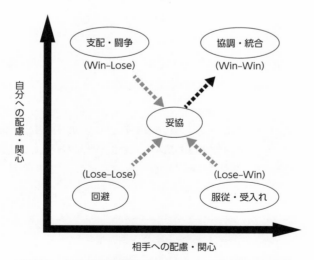

図 5-3　もめごと解決策（Rubin et al., 1994 をもとに作成）

第3時間目 もめごとを解決してみよう

第3時間目では，指導用ビデオ「そうじをしているか，していないか」（池島・竹内，2011）の逐語録を資料として配布し，授業を行いました。逐語録と指導用ビデオを併用することにより，メディエーターの受容的姿勢や修復的な言葉が，対立している当事者の感情のしずまりに影響していることを説明することができます。この授業では，メディエーションの概要だけでなく，対立を通して他者と修復的に向き合う上で大切な尊重や受容といった価値を伝えることができ，それらはこれからトレーニングをしていく上で大切なものでした。

メディエーションにおいては，解決したあとに「よき隣人」としての関係をつくることを目指します。ここでいう「よき隣人」としての関係をつくるとは，「仲良しになる」という意味ではなく，あくまでもお互いに存在を認める，存在することを良しとする，というような最低限の関係修復であり，その関係の延長線上に交友関係の回復があるという考え方です。

第4時間目 学級のもめごとを解決してみよう

この時間では，第1時間目で子どもたちが記入した"もめごとシート"を学級全員分まとめ，子どもたちに配布しました。本授業では，その中から自分たちがメディエーションの題材としてやってみたいものを選択し，当事者とメディエーターの配役を決めてロールプレイを行いました。子どもたちからは，「こんなことで怒るのかな？」や「このもめごとは解決できない」などの声があり，実際の自分たちのもめごとを客観視しつつ，もめごとを解決する難しさを感じていました。

この授業では，教材が自分たちの生活の中の事象であることで，自分たちの生活を，ロールプレイを通して振り返ることができました。また自分たちの生活を見直し，これからどのような友だちとの関わりが大切かということを考える機会ともなりました。自分が当事者となったもめごとや，見たことのあるもめごとのロールプレイを見ることで，解決策の多様性や怒りの度合いが人によって違うことを考えることができました。

授業の終盤では，上手にロールプレイができたと思うグループに，学級全員の前でロールプレイを演じてもらい，よかったところをみんなで発表する時間を設けました。

TRY 4 まずは学級担任としてメディエーションの方法で子どもたちのもめごとを解決してみましょう！
●子どもたちが主体的にいじめを解決していくために必要な学級担任の工夫とは何でしょうか？
ピア・メディエーションを参考に実践してみましょう！

事例2

ゆうか「こうた，ボール貸してよ」

こうた「いやだよ，おれがみんなと使うんだよ」

ゆうか「いつもこうたばっかり」

―――言い合いが続き，周囲の友だちがピア・メディエーションを行う―

たろう「どうしたの？」（**もめごとの確認**）

こうた「ゆうかがさ，ぼくが使おうとしているボールを貸してっていうの」

たろう「ゆうか，そうなの？」

ゆうか「そうなの。こうたさ，いつもボール使ってるから」

たろう「そうか，じゃあ，もめているんだったら話し合いに入っていい？」（**ピア・メディエーションへの参加の同意**）

こうた「うん，いいよ」

ゆうか「じゃあ，お願い」

たろう「ありがとう」

たろう「じゃあ，話し合いを始めていくけど，ルールはこの間の授業で教わった『アルスの法則』でいい？」（**ルールの確認**）

こうた・ゆうか「いいよ」

たろう「じゃあ，それでやるよ！　どっちから話をする？」（**順番の確認**）

こうた「ゆうかからでいいよ」

たろう「こうた，ありがとう。じゃあ，ゆうかから話してくれる？」（**話し合いの開始**）

ゆうか「うん，ずっと前から，クラスのボールを使いたいなと思っていたんだけど，こうたたちのグループがいつもボールを使っていて，遊べなかったの」

たろう「そうだったの，ずっと前からボールを使いたかったんだね。どんな気持ちだった？」（**繰り返し・感情の確認**）

ゆうか「なんでいつも使えないんだろうって，イライラしてたの」

たろう「そうか。腹が立っていたんだね」

たろう「こうた，ゆうかは前からボールを使いたかったんだって。でも，こうたたちがボールをいつも使っているから，遊べなかったんだって」

こうた「そうなんだ。でもボールの使い方のルールもないし，早い者勝ちと思ってた。そんなふうに思われているなんて知らなかったよ」

たろう「そうか，ルールもないし早い者勝ちと思って，いつも使ってたんだね。今はどんな気持ち？」

こうた「悪かったと思うけど……」

たろう「ゆうか，こうたは悪かったなという気持ちがあるって」

ゆうか「そう思ってくれていると思うと，すこし落ち着いた」

たろう「よかった。じゃあ，どうやって解決する？」**(提案)**

ゆうか「今日はもういいよ。気持ちもわかってもらえたし。明日は貸してくれる？」

たろう「こうた，ゆうかが今日はもういいから，明日貸してって言ってるけど，どう？」

こうた「うん，いいよ。ずっとおれたちばかり使ってたから，これからはゆうかや他のみんなにも聞いてから使うようにする」

たろう「これからはみんなに聞いてくれるんだね，ありがとう。じゃあ，これで解決した？」**(同意)**

ゆうか・こうた「うん，ありがとう。たろう」

　修復的対話を導入した学級では，このように子ども同士が自分たちで話し合いをする姿が見られるようになりました。さらに，その後は，学級でのもめごと自体が以前と比べて少なくなっていきました。ピア・メディエーションの学習を通して，対立を解消する手立てを学んだ子どもたちは，自分自身がもめごとの当事者となった際にも，解決に向けた考え方や話し合いができるようになったと考えられます。子どもたちの間で，妥協や譲歩の態度，また提案や助言につながる発言がよく見られるようになり，行き違いがあっても，大きなもめごとに発展することなく解決するようになりました。

おわりに

　本章では，修復的対話に基づいた教育実践と，そのために必要なスキルアップを目指しました。いじめを解決することは容易なことではありませんが，予防的な子ども同士の関係構築と，対立を修復する具体的なスキルの習得によって，子どもたち自身がいじめを予防し，さらに解決できる仕組みを学級・学校でつくることができます。教員が子どもたちの持つ力を信じ，尊重することがその実現の第一歩です。ぜひ子どもたちとの生活の中に取り入れてみてください。

学級で日常的に取り組むいじめ予防
協同学習で級友とともに学びつながる

真田 穣人　大阪市立加島小学校 教諭

　「教師は授業で勝負する」——教員が参加する研修や学びの場で語られてきた言葉です。教員になりたてのころの筆者は，日々の授業において，「授業で勝負」という意味を取り違えて，とにかく子どもたちの先頭に立って，問題解決を進めるようにしていました。すると，教員と子どもの関係はより良いものになるのですが，問題を解決する場面で先生の指示待ちの子がいたり，子ども同士の人間関係に大きな変化は見られなかったりするなど，いじめ予防にはつながらない姿を感じることが多くありました。

　指導法の限界を感じていたときに出会い，大きな効果を感じたのが**協同学習**です。協同学習には様々なものがありますが，どれにも共通していることは，**子どもたちが互いを支え合う関係の中で学ぶ**というものです。10年近く前のことですが，4年生の途中から引っ越しをしてきたAさんを5年生の学級担任として担任することになりました。Aさんは，転校してきたことに加えて，気性の激しい性格からか，4年生のときはなかなか学級になじむことができず，いつも授業中に立ち歩いたり，心ない言葉を級友に投げかけたりしていました。しかし，5年生になって協同学習に取り組むなかで，考えたことを友だちに伝えたい，ともに考えたいという思いを強くもち，友だちとともに気持ちを落ち着かせて学習ができるようになっていきました。すると周りのクラスメートもAさんの変化に敏感に気づき，Aさんの良いところを授業後だけでなく授業中にも，筆者にだけでなくAさんや学級のみんなに伝えるようになりました。授業で友だちと適切な関わりをするなかで友だちに受け入れられ，信頼関係を築くことができたAさんは，生活場面でも自分たちで助け合い，積極的に問題を解決しようとする姿が見られるようになりました。協同学習を導入することによって，子どもたちが日常的に級友とつながり，いじめを予防することができるようになったのです。

◆授業でつながる学級がいじめを予防する

　学校心理学に関するこれまでの研究から，いじめの予防のためには被害者や加害者だけでなく，学級集団へのアプローチが重要であることが明らかになっています。例えば，生徒間に協力的・親和的な関係があり，お互いに関心をもち合うことのできる学級ではいじめが少ない（高木，1986）ことや，クラスの結束がいじめを減らすため，いじめを防止するためにはクラスレベルでの信頼の構築が重要である（水田・岡田・尾島，2016）ことが報告されています。そのような**協力的・親和的な関係を授業のなかで築き，クラスレベルでの信頼関係をつくる力が協同学習にはあります**。このように，いじめ予防プログラムを特別活動や総合的な学習の時間に行うだけでなく，通常の授業，教科学習の時間に教師が勝負をすることで，いじめを予防することができるのです。

【引用文献】
水田明子・岡田栄作・尾島俊之（2016）．日本の中学生のいじめの加害経験に関連する要因　日本公衆衛生看護学会誌，5(2)，136-143.
高木修（1986）．いじめを規定する学級集団の特徴　関西大学社会学部紀要，18，1-29.

第6章

学校管理職による システムづくり

リーダーシップ機能を発揮した学校経営の実現

川崎 知已

　2013 年に制定されたいじめ防止対策推進法（平成 25 年法律第 71 号；以下，「法」とする）の第 11 条第 1 項の規定に基づき，文部科学大臣は，いじめの防止等のための対策を総合的かつ効果的に推進するために，「いじめの防止等のための基本的な方針」を策定しました。この中で，いじめの防止等に向けて，学校については，校長の強力なリーダーシップの下，一致協力体制を確立していくことの必要性が述べられています。その際，法に，いじめ防止等のために学校が実施すべき施策として規定されている「学校いじめ防止基本方針」（第 13 条）と「いじめ防止等の対策のための組織」（第 22 条）が重要なポイントになります。というのも，前者は，理念に留まらず具体的な実施計画や実施体制についても決めた「行動計画」であり，後者は，前者に決められたことを実行に移す際の中核を担う実行組織について書かれているからです。本章では，いじめ防止等に向けて，校長を筆頭に学校管理職がリーダーシップを発揮した学校経営をしていくためのスキルアップを目指します。具体的には，以下の 3 つのスキルアップを目指します。

本章を読んで **ここを スキル アップ！**	1．具体性，実効性のある「学校いじめ防止基本方針」を策定することができる
	2．機動的な「いじめ防止等の対策のための組織」を構築することができる
	3．児童生徒，保護者，地域住民のいじめ問題への当事者意識の醸成，理解啓発と協力の求め方のスキルを獲得できる

第**1**節　いじめの防止等に向けた学校管理職のリーダーシップ

1　国の方針に示された学校管理職のリーダーシップ

　いじめの問題の諸対応について，教職員が何に困難さを抱えているのか，何がいじめに立ち向かう勇気を揺るがすのか，そこに着目することによって，いじめの問題解決への効力感のある組織になっていくのではないでしょうか。そして，学校が，いじめの問題に組織を上げて立ち向かうには，誰がその鍵を握るのでしょうか。

　いじめの防止等のための基本的な方針（文部科学省，2013：平成 25 年 10 月 11 日文部科学大臣決定［最終改定　平成 29 年 3 月 14 日］）では，「3　いじめの防止等のために学校が実施すべき施策」の冒頭部分に次のような記述があります。

「学校は，いじめの防止等のため，学校いじめ防止基本方針に基づき，学校いじめ対策組織を中核として，校長の強力なリーダーシップの下，一致協力体制を確立し，学校の設置者とも適切に連携の上，学校の実情に応じた対策を推進することが必要である」

　この記述を待つまでもないのですが，文部科学大臣の決定した「いじめの防止等のための基本的な方針」においても，学校におけるいじめの防止等の対策のためには，「組織的」ということと「組織」を動かす学校管理職の強力なリーダーシップが重要な要素であることが，あらためて述べられています。

❷ 児童生徒の見る学校管理職の姿勢

　教職を目指す大学生が，いじめ問題を扱った授業でのリアクションペーパーに，次のような思いを述べていました。2 つご紹介します。

　「中学校のとき，いじめにあいました。親がそれに気づいて，私から聞き出し，担任の先生に相談したようでした。その翌日，担任の先生から呼ばれ，校長室（他に空いている部屋がないからと担任の先生は言っていた）を開けると，なんと，私をいじめていた相手の子たちが，そこにいるではありませんか。逃げ出したかったのに，それもできず，その場で『和解？』させられたことに深く傷つきました。向こうでなにか仕事をしていた校長先生の無表情な横顔を見ながら，親も先生も，誰も信用しない，二度と話さないと決めたこと，今日の授業で『配慮を欠いた対応』が取り上げられて，思い出しました」

　「自分が安心して学校に通うことができるようになったのは，先頭にたって先生たちに指揮するように，いじめが起きにくい，いじめを許さない雰囲気を学校につくってくれた熱血な校長先生がきてくれてからであった。今日の授業であったように『いじめは どの子どもにも，どの学校でも，起こりうる』という意識で，『いじめは絶対に許されない』，『いじめは卑怯な行為である』という校長先生の意志というか精神を汲んで，先生たちが動いてくれていたように思う。たしかに，小さいいじめはちょこちょことは起きた。しかし，小さいからいいではなく，どんないじめでも，いじめを受けた生徒を守る姿勢を先生たちが貫き通してくれた。今日，あらためて，自分の通った学校の校長先生や先生たちのすごさを認識した」

　卒業して，数年近くたった後も，学生たちの心に残っているのは，「学校の姿勢」，「校長先生の姿勢」であるようです。どの教員が担任になっても，いじめを許さず，適切に予防，早期解決してくれる，そういう学校が安心できる学校です。そして，その背景には，いじめ問題を深刻に受け止め，必死になって予防，解決を図ろうとする校長の存在が不可欠であることを，生徒は，生徒の目で，心で，感じ取っていることがこの 2 つの文章から伝わってきます。

③ 組織を動かすリーダーシップの機能

　「いじめは児童生徒の心身の健全な発達に重大な影響を及ぼし，不登校や自殺，殺人などを引き起こす背景ともなりかねないような，深刻な問題」（文部科学省，2010）であり，「深刻ないじめは，どの学校にも，どのクラスにも，どの子どもにも起こりうる」（1996年1月の「文部大臣緊急アピール」の一節）とあります。国立教育政策研究所は，いじめの社会問題化には波があっても，いじめの発生自体に目立った波やピークはないこと，非行や暴力の多い学校や学年で起きやすいといった事実はないこと，特定の児童生徒が起こしているといった事実も確認できないことを指摘しています（国立教育政策研究所，2012a）。これらは，長年の調査によって裏付けられている「事実」を指摘したものであると述べられています。これほど，どこの学校でも，いつでも起こりえる，かつ深刻な問題に向かって，その防止等に努めていくためには，それに対応した，校長をはじめとする学校管理職のリーダーシップが求められているといえます。前述したように，学校におけるいじめの防止等の対策のためには，「組織的」ということと「組織」を動かす学校管理職の強力なリーダーシップが，まさにキーワードであると考えます。

　いじめの防止等に向けて，校長をはじめとする学校管理職は，指導力やいじめに対する認識や意識の「温度差」のある教職員それぞれに対応することや，教職員間の「温度差」をなくし，「共通理解」「行動の一元化」に取りまとめていくこと，教職員全員に学校経営参画の当事者意識を高めたり，組織貢献等の広い視野で学校全体に寄与することへの効力感を育てたりしていくことがとりわけ重要になっていきます。

　筆者らが行った調査では，広い視点にたって学校経営，学校運営等の当事者意識をもって職務遂行をしていく教員を育成していく上で求められる校長のリーダーシップ機能，教員が自己のロールモデルとするリーダーシップ機能として，〈**人間関係重視型リーダーシップ機能**〉と〈**専門的識見・改革型リーダーシップ機能**〉があることを明かにしています（川崎・飯田，2018）。〈人間関係重視型リーダーシップ機能〉は，「部下や後輩教員への気遣いや思いやりがある」「寛容で包容力がある」等に代表される調整型の機能で，このような機能を果たす校長の下での職務経験が，教員の「教授・指導効力感」や「学校管理・経営効力感」に影響を与えることを示しています。一方，〈専門的識見・改革型リーダーシップ機能〉は，「強力なリーダーシップをとって学校を大きく改革・変革する」「学習指導要領に精通しており，教科指導等への専門性が極めて高い」等に代表される高専門性・改革型の機能で，このような機能を果たす校長の下での職務経験が，「保護者・地域関係形成効力感」「学校運営効力感」「組織貢献効力感」「脱学級最優先・全体的視野意識」などに影響を与えることを示しています。このことから，いじめの防止等に向けた諸課題へ対応していくために教職員全体が当事者意識をもって学校経営に参画したり，広い視野で学校全体に貢献したりする組織の構築に向けて，この両者の機能を発揮していくことが求められるといえます。

管理職のリーダーシップの種類と教員への影響

・**人間関係重視型リーダーシップ**　部下や後輩教員への気づかいや思いやりがある，寛容で包容力がある
　⇒授業や児童生徒の指導に対する自信，学校の管理・経営業務への自信を高める
・**専門的識見・改革型リーダーシップ**　強力なリーダーシップをとって学校を大きく改革・変革する，学習
　指導要領に精通しており，教科指導問うへの専門性が極めて高い　⇒保護者や地域と関わる自信，学校運
　営に関わる自信，組織に貢献できるという自信，学級だけでなく全体的視野で仕事をする自信を高める

④ 「方針」と「組織」で構築する学校風土と教職員のスキルアップ

　教職員がいじめ問題に立ち向かう学校風土とスキルアップを図る仕組みは，学校管理職や教職員の異動に左右されない持続可能なものにしていくことが重要です。いじめの防止等の風土について，国立教育政策研究所は「多くの児童生徒がいじめの被害のみならず，加害にも巻き込まれている事実に立ち，ささいな行為が深刻ないじめへと簡単に燃え広がらない潤いに満ちた風土」と，未然防止の観点から論じています（国立教育政策研究所，2012b）。しかし，「いじめ問題に立ち向かう学校風土」は，いじめをしない，させないという未然防止の側面だけでなく，いじめを見逃さない，いじめを許さない，いじめ問題に毅然として立ち向かう，いじめ問題解消後も再発防止に力を入れ，卒業まで見届ける，これらすべての段階を実行するために必要な学校風土を意味します。

　教職員がいじめ問題に立ち向かう学校風土とスキルアップを図る仕組みは，法に規定された2つの施策，「学校いじめ防止基本方針[1]」と「いじめ防止等の対策のための組織[2]」とで構築していくものと考えられます。この2つの施策について，国立教育政策研究所は，「学校いじめ防止基本方針」の策定は，すべての教職員でいじめ問題に取り組む契機とすることが大切であり，これを策定する過程が，組織的・計画的ないじめの対策の第一歩となると述べています（国立教育政策研究所，2013）。また，「いじめ防止等の対策のための組織」は，学校いじめ防止基本方針で定められた内容を実行に移す際の中核を担う組織として機能すべきと述べられており，方針と組織は，設計図と実行部隊の関係にあるといえます。

　そこで第2節，第3節では，この2つの法を基軸として，教職員がいじめ問題に立ち向かう学校風土とスキルアップを図る仕組みを構築していく方法を述べていきます。具体的には，第2節では，「学校いじめ防止基本方針」の観点から，いじめ防止等に向けた年間計画，そのなかで展開される学

1　「学校いじめ防止基本方針」は，「学校は，いじめ防止基本方針又は地方いじめ防止基本方針を参酌し，その学校の実情に応じ，当該学校におけるいじめの防止等のための対策に関する基本的な方針を定めるものとする」と法第13条で規定されています。

2　「いじめ防止等の対策のための組織」は，「学校は，当該学校におけるいじめの防止等に関する措置を実効的に行うため，当該学校の複数の教職員，心理，福祉等に関する専門的な知識を有する者その他の関係者により構成されるいじめの防止等の対策のための組織を置くものとする」と法第22条に規定されています。

校いじめ防止のプログラムのあり方，保護者・地域住民へのいじめ問題に関する理解啓発と協力の求め方，アンケート・いじめの通報・情報共有・適切な対処等のあり方について論じます。第3節では，「いじめ防止等の対策のための組織」の観点から，学校のいじめ防止等の対策のための組織，On-the-Job-Training（以下，OJT）体制のあり方，組織対応効力感を高めるためのOJT体制づくりについて論じます。なお，OJTとは，日常の業務に就きながら行われる教育訓練のことであり，直接の上司が業務での作業方法などについて，部下に指導することとされています（厚生労働省，2014）。

第2節 「学校いじめ防止基本方針」を基軸とした学校管理職のリーダーシップ

1 「学校いじめ防止基本方針」を見直すための観点

　学校いじめ防止基本方針は，法が公布，施行された平成25年以降に，学校は策定義務があることもあって，ほぼ全国一斉に策定されました。その際，学校が策定の段階で円滑に進められるよう，おそらくほとんどの自治体の教育委員会が，学校いじめ防止基本方針のひな型を示し，それを踏まえて各学校が策定し，学校だより等で知らせ，ホームページ等にあげているというのが現状であると認識しています。そのため，各学校の学校いじめ防止基本方針は，非常に似かよった内容になっています。もちろん学校のいじめ防止方針は，国のいじめ防止基本方針または地方いじめ防止基本方針を参酌して策定するものなので，似ていて当たり前ですし，否定するものではないのですが，理念的で抽象度が高いために今ひとつ児童生徒や保護者の心には届きにくいものになってはいないでしょうか。同様に，教職員にとっても，いじめ問題に立ち向かう勇気の背中を押すものになっていないのではないでしょうか。

　国立教育政策研究所は，「学校いじめ防止基本方針」について，単なる目標やスローガンの提示に留まることなく，それが行動に移され，実際に成果を上げていく必要があること，また，方針の提示で終わるものではなく，それが実効性を持つよう具体的な実施計画や実施体制についても決めておくもの，いわば「行動計画」と考えるべきであると論じています（国立教育政策研究所，2013）。英国ではいくつかの学校が公表しているいじめに関する全校的方針の分析が行われており，方針に多くのいじめ防止方略が入っている学校では，いじめをしているという生徒の報告が少なかったといいます（スミス，2016）。全校的方針が予防効果を発揮するという視点で，方針を検討し全体に周知していくことが重要です。

　そこで，もし，学校いじめ防止方針を策定以来，大きな見直し等していないようでしたら，「その学校の実情に応じ，当該学校におけるいじめの防止等のための対策に関する基本的な方針を定めるもの」，つまり後半部分に焦点をあてた「行動計画」を明確に教育課程に位置づけ，学校管理職のリー

ダーシップを発揮した組織として機動できる見直しを試みてはいかがでしょうか。

　学校いじめ防止基本方針見直しのキーワードは，「具体性」，「実効性」のある学校いじめ防止基本方針です。「具体性」とは，実際に，いつ，どの時期に，何をやるのか，どのようにやるのか，どの分掌が担当するのかが，教職員はもとより，児童生徒，保護者，地域住民にも理解できることを意味します。一方，「実効性」とは，単なる目標やスローガンの提示に留まっていたり，実行できるか否かの見通しのもてない，絵にかいた餅のようになっていたりする計画ではなく，実際に実施できるか，稼働できるかという視点で検討していくことを意味します。この基本方針が実効性をあげるかどうかの鍵は，教職員の共通理解と周知徹底にあり，学校としてやると決めた取り組みを全教職員がやり切ることや，学校として決めた手順に従って全教職員が対処していくことが重要とされています（国立教育政策研究所，2013）。

　学校いじめ防止基本方針には，「いじめの防止のための取り組み」（未然防止のための取り組み等），「早期発見」（いじめの兆候を見逃さない・見過ごさないための手立て等），「発見したいじめ事案」に対する対処（以下，「事案対処」とする）のあり方，教育相談体制，生徒指導体制，校内研修などいじめの防止等全体に係る内容を定めてあると思います。これらについて，いつどのような方法でやっていくのか，それを踏まえ，各段階でどのように動くのか，どの校務分掌組織が担うのか，具体的に示されていること，そして，その動きや対応が現実的で実施可能であるかどうか吟味していくことが必要です。そのためには，学校の校務分掌組織と各所掌事項，そして学校の各教科等の年間指導計画（カリキュラム）を明確に踏まえ，無理がないか，現実的かという観点から，全教職員で検討することが必須です。これに加え，保護者の代表や，コミュニティ・スクールであれば，学校運営協議会などでも検討することも考えられます。

TRY 1	自分の学校の「学校いじめ防止基本方針」を確認してみましょう！
	● 「具体性」が出せるのはどのようなところでしょうか？
	● 「実効性」が出せるのはどのようなところでしょうか？

② 年間計画の考え方・進め方

　学校いじめ防止基本方針の年間計画にあたっては，（1）年間の取り組みについての検証を行う時期（PDCA サイクルの期間），（2）「取り組み評価アンケート」，「組織」の会議，校内研修会等の実施時期，（3）未然防止の取り組みの実施時期，（4）個別面談や教育相談の実施時期等を位置づけていきます。

「いじめが起きにくい・いじめを許さない環境」としての学校風土の醸成のためには，「絆づくり」（主体的に取り組む共同的な活動を通して，児童生徒自らが「絆」を感じ取り，紡いでいくこと）と「居場所づくり」（児童生徒が安心できる，自己存在感や充実感を感じられる場所をつくりだすこと）が重要であるとされています（国立教育政策研究所，2012c）。そのため，未然防止の基本は，すべての児童生徒が安心・安全に学校生活を送ることができ，規律正しい態度で授業や行事に主体的に参加・活躍できる学校づくりを進めていくことから始まります。

その中に，いじめに向かわない態度・能力の育成等のいじめが起きにくい・いじめを許さない環境づくりに向けた体系的・計画的な取り組みについて，その具体的な指導内容のプログラム化を図ること（「学校いじめ防止プログラム」の策定等）が必要であると考えます。参考までに，学校いじめ防止基本方針の年間計画に学校いじめ防止プログラム年間計画を入れた案を示します（表6-1）。

表からもわかると思いますが，学校いじめ防止プログラムは，児童生徒を対象としたもの，教職員を対象としたもの，保護者を対象としたもの，さらには地域住民を対象としたものがあり，それぞれについて担当者を明確にしておきます。

児童生徒を対象とした学校いじめ防止プログラムの計画・実施にあたっては，自校の児童生徒の実態，実情，課題を踏まえて，どのような意識・認識，スキルを，どの段階で，どのように身につけさせたいのか，そのためのプログラムはどういうものがあるのかをまず検討していくことが重要です。とはいえ，学校は，学習指導要領に位置づいた教科等の学習を，授業時数を確保して進めていかなければなりませんし，「〇〇教育の推進」ということで〇〇に入る言葉が数多く文部科学省や教育委員会から降りてきます。いじめ問題が最重要課題のひとつであると認識していても，年間授業時数が限られた中で，いじめの未然防止プログラムのために多くの時間を使うことも難しいのが現状ではないでしょうか。それゆえに，絞り込んだ目標と絞り込んだ内容でプログラムを検討することが求められます。

予防・未然防止のプログラムであることから，いじめ問題に関する適切な意識と認識を育てること，いじめについての感度を高めること，いじめの加害，観衆，傍観行為に及ぶ際の自己の内面の理解，自己の感情等のコントロール方法，いじめ解消に向けての行動化，いじめ問題への援助・被援助性に関するスキルなどがあげられます。これらを，卒業期までに割り振っていくことになります。一例をあげますと，いじめ問題がより深刻度を増す中学校段階では，入学当初の時期で，生徒にはまず，いじめに関する適切な理解，意識，認識，すなわち，いじめの被害の甚大さの認識，いじめを正当化する理由はないという認識，そして，いじめを受けたとき，他の生徒のいじめを認識したとき何か動くこと，援助を求める意義・重要性の認識は育てたいものです。具体的には，表6-2のような内容が考えられます。

このプログラムくらいの規模ですと，全校朝会2回，学級での授業3回で実施できるので，他の学習活動との両立が可能と思われます。同様に，他の内容についても，課題や発達段階を踏まえ，各

表6-1　学校いじめ防止基本方針年間計画（含む学校いじめ防止プログラム）（案）

年間目標

①いじめは，どこの学校・学級でも，どの生徒にも起こり得ること，いじめの被害者にも加害者にもなり得ることを踏まえて，いじめ問題に対して積極的に認知し組織的に取り組む。

②計画的なアンケートの実施・分析，並びに校内研修を通して，いじめについての共通理解，生徒の状況等の情報共有や組織として取り組む体制づくりを図る。

③人権教育・道徳教育を充実させ，生徒の生活態度・意識を向上させるとともに，適切な人権意識を身につけさせ，いじめの未然防止を図る。

④学習指導や進路指導を充実させると共に，学級活動・生徒会活動・様々な学校行事等の特別活動や部活動を積極的に推進し，お互いを認め合える人間関係や集団づくりを構築し，生徒が自己有用感を持つことにより，いじめの未然防止を図る。

⑤教育相談体制を充実させると共に，生徒との信頼関係を醸成し，生徒の心の変化をいち早く捉え，いじめの早期発見・早期対応に努め，人間関係の修復・改善を図る。

月	内容		対象者	担当
	未然防止に向けて	早期発見に向けて		
4月	○いじめ問題対策委員会【職員会議①】 ・学校基本方針の共通理解・指導体制や指導計画の周知 ○「学校いじめ防止基本方針(改訂)」の公表（HP） ○各学級　学級活動「人間関係づくり」 ○道徳［友情・信頼］ ○保護者会（学校いじめ等防止基本方針と指導体制や指導計画の周知・啓発） ○全校朝会（学校いじめ等防止基本方針等の周知）	○全学年生徒理解校内研修会	教職員 生徒・保護者・一般 教職員 全学年生徒 保護者 全生徒	校長・副校長 副校長 生徒指導部 教務部・各担任 教務部・各担任 校長・学年主任 校長・生徒指導部
5月	○入学当初いじめ防止プログラム（2/5回） ○3年生いじめ防止プログラム（2/2回） ○道徳［相互理解・寛容］	○人権問題意識調査 ○スクールカウンセラー生徒全員面談 　　　　　　　　　　～7月まで ○希望者対象個人面談	全学年生徒 全生徒 1学年生徒 3学年生徒 希望生徒 全学年生徒	生徒指導部 教育相談部 生徒指導部 生徒指導部 教育相談部 教務部・各担任
6月	○入学当初いじめ防止プログラム（3/5回）	○「人間関係等に関するアンケート」調査実施 ○いじめ実態調査・分析 ○個人面談	全学年生徒 全学年生徒・教員 1学年生徒 全学年生徒	教育相談部 生徒指導部 生徒指導部 教育相談部
7月	○いじめ問題対策委員会【職員会議②】 ・1学期取り組み点検評価・改善 ○全校朝会（1学期取り組みの状況，方針の再周知） ○保護者会（取り組み成果の情報発信と保護者啓発） ○「スクールバディ」（ピアサポートシステム）研修（夏季休業中）		教職員 全生徒 保護者 1学年希望生徒	校長・副校長 校長・生徒指導部 校長・学年主任 教育相談部
8月	○いじめ問題対策委員会【職員会議③】 ・「人間関係等に関するアンケート」分析と対応策検討	○「人間関係等に関するアンケート」調査結果分析等 ○教員研修（いじめへの介入スキル）	教職員 教職員 教職員	教育相談部 教育相談部
9月	○1学年「スクールバディ」開始（2,3学年スクールバディ生徒と活動合流） ○2年生いじめ防止プログラム（1/2回） ○道徳［公正，公平，社会正義］	○希望者対象個人面談	全生徒 希望生徒 2学年生徒 全学年生徒	教育相談部 教育相談部 生徒指導部 教務部・各担任
10月	○道徳［よりよい学校生活，集団生活の充実］ ○2年生いじめ防止プログラム（1/2回）		全学年生徒 2学年生徒	教務部・各担任 教育相談部
11月	○道徳［生命の尊さ］	○いじめ実態調査・分析 ○個人面談 ○「人間関係等に関するアンケート」調査実施	全学年生徒・教員 全学年生徒 全生徒 全生徒	教育相談部 教育相談部 教育相談部 教務部・各担任
12月	○いじめ問題対策委員会【職員会議④】 ・2学期取り組み点検評価・改善 ○全校朝会（2学期取り組みの状況，方針の再周知） ○道徳［よりよく生きる喜び］	○三者面談 ○「人間関係等に関するアンケート」調査結果分析等	生徒・保護者 教職員 全生徒 教職員	学年主任・各担任 校長・副校長 校長・生徒指導部 教務部・各担任 教育相談部
1月	○いじめ問題対策委員会【職員会議⑤】 ・「人間関係等に関するアンケート」分析と対応策検討　年度末反省　次年度「学校いじめ防止基本方針」等検討	○教員研修（保護者への協力要請スキル）	教職員 教職員	校長・副校長
2月		○いじめ実態調査・分析 ○個人面談	全学年生徒・教員 全学年生徒	生徒指導部 教育相談部
3月	○いじめ問題対策委員会【職員会議⑤】 ・次年度「学校いじめ防止基本方針」等策定 ○全校朝会（年度取り組みの状況，次年度方針周知） ○保護者会（取り組み成果の情報発信と保護者啓発）		教職員 全生徒 保護者	校長・副校長 校長・生徒指導部 校長・学年主任

表6-2　入学当初いじめ防止プログラム（本田，2017をもとに作成）

	テーマ	内容　《実施時間》	形態	指導者
第1次	いじめは魂の殺人行為	いじめが心身に及ぼす被害の甚大さについての理解　《全校朝会：15分》	全体講話	校長または専門家（医療・心理等）
第2次	いじめなの？いじめって何？	いじめとはなにか。（同じ場面でも，人によって異なるいじめの認識）　《1単位時間：50分》	授業（演習形式）	学級担任
第3次	いじめをしていい理由はない	いじめを正当化する理由はない，いじめられて仕方がない理由もないことへの認識　《全校朝会：15分》	全体講話	校長
第4次	なにか動くことが大切	いじめかどうか周囲の認識が異なる様々な状況下で，何か動くことの大切さの認識（「どうすることが望ましいか」と同じくらい「各状況で自分にできそうなことは何か」の重要さの認識）　《1単位時間：50分》	授業（演習形式）	学級担任
第5次	何らかのSOSを出す大切さ	「どんな人に相談するとよさそうか」「自分はどんな人に相談したいか」の自己理解　《1単位時間：50分》	授業（演習形式）	学級担任

教科，特別の教科道徳，特別活動，総合的な学習の時間の年間計画と照らし合わせて，横断的な展開ができる時期を見据えて，プログラムをあらかじめ教育課程に位置づけておくことが重要です。これも学校いじめ防止プログラム年間計画に入れておきます。

　また，いじめに向かわない態度・能力の育成等のいじめが起きにくい・いじめを許さない環境づくりは，学校管理職や教職員だけがつくるものではなく，児童生徒がつくりだすように働きかけることも考えられます。スクールバディ（ピアサポートシステム）を構築して，昼休みの校内巡回，放課後の相談窓口，いじめ防止啓発活動などに取り組むことを具体的に示すこともひとつの案です。ピアサポートの計画には，（1）友だちになる，（2）友だちサークル／援助サークル／支えとなる友だち，（3）ピアメンタリング，（4）仲間の傾聴，（5）仲間による仲裁，（6）傍観者（仲裁者）の訓練の6つの分類があるとされています（スミス，2016）。ピアサポートの導入だけで，いじめ行動を全体的に抑制できるかどうかは，諸説あって意見の分かれるところですが，生徒自身が積極的に参加しており，学校全体にピアサポートや適切な取り組みが浸透している場合には，ピアサポーターである児童生徒自身が，その経験から自尊心を高め，社会的スキル，コミュニケーション・スキル，共感能力や責任感の向上等の効果があるという十分なエビデンスが確認されています（スミス，2016）。

　スクールバディ（ピアサポートシステム）を構築する際に，学校としての明確な位置づけが必要です。ここで紹介するのは，（1）友だちになる，（2）友だちサークル／援助サークル／支えとなる友だち，（3）ピアメンタリング，（4）仲間の傾聴の姿勢やスキルを育成するためのプログラムです。

　まず，入学当初いじめ防止プログラムが終わったあと，夏季休業日までにスクールバディ（ピアサポートシステム）になる希望生徒を募っていきます。そして，夏季休業中に生徒の他の活動の負担にならないように，2～3日の集中講座を，以下のような研修内容で実施していきます。夏季休業明けの2学期から，上級生のスクールバディとともに活動を行っていきます。このように，生徒の中に，

表6-3　スクールバディ（ピアサポートシステム）育成プログラム

	テーマ	内容　　《実施時間》	形態	指導者
第1次	動機づけ	ピアサポートへの意欲やプログラムへの見通し　《1単位時間：50分》	演習形式	教員
第2〜4次	スキルトレーニング	「積極的な聞き方」「あたたかい言葉かけ」「感情を分かち合う共感」　《1単位時間×3：50分×3》	演習形式	教員スクールカウンセラー
第5次	個人プランニング	ピアサポート活動に関する自己プランニング　《1単位時間：50分》	演習形式	教員

　いじめの問題についての問題意識や課題意識，いじめの未然防止，早期解決の主体的な意識をもつ生徒を増やしていくことが，生徒によるいじめが起きにくい・いじめを許さない環境づくりにつながっていくと考えます（表6-3）。

　なお，このようなプログラムの趣旨と内容，実施状況，児童生徒の様子は，保護者会などで報告することが必要です。そのねらいとしては，学校の取り組み姿勢の理解，いじめの認識，いじめ被害の甚大さの認識について意識啓発し，児童生徒と同じレベルで，いじめの問題を共有すること，本プログラムをめぐって，いじめの問題を家庭での話題に取り上げてもらうことなどがあげられます。

TRY 2　**自分の学校の学校いじめ防止プログラムを確認してみましょう！**
- 児童生徒の課題や発達段階を踏まえたプログラムが系統的にできているでしょうか？
- カリキュラム・マネジメントの観点から，各教科，特別の教科道徳，特別活動，総合的な学習の時間の年間計画と照らし合わせた横断的な展開ができるプログラムとして，どのようなものが考えられるでしょうか？

③　保護者への理解啓発と協力の求め方

　ところで，いじめ問題に立ち向かおうとする教職員の勇気をひるませるのは，いじめの加害（をしたと疑いをかけられた）児童生徒およびその保護者の，「いじめの加害者として疑われた」に代表される攻撃的な否認，抵抗，拒否等です。

　その対策として，日ごろから保護者に学校の方針を周知しておくことが重要です。具体的ないじめの態様，いじめの被害が及ぼす心身への甚大な影響，いじめを受けた児童生徒やいじめを知らせてきた児童生徒の安全を確保し詳細を確認した上で，いじめたとされる児童生徒に対して事情を確認し適切に指導する方針，「いじめ」の中で犯罪行為として取り扱われるべきと認められる場合の警察との連携，あわせて加害者への成長支援の観点を，いじめが発生してないときに伝えておきます。いじめ

の問題が発生していないときは，すべての保護者が，学校の姿勢に賛同を示しやすいからです。このことが，後に，いじめの問題が発生したときに，加害者あるいは加害者になり得た児童生徒の保護者の学校への協力姿勢を大きく左右します。これが教職員の背中を押します。

TRY 3

保護者への学校のいじめ防止の方針の周知や協力要請をどのようにしているか確認してみましょう！
● 年間計画に位置づけられていますか？
● 周知の方法は適切ですか？
● 説明責任を果たすためにどのようなことができますか？

---

❹ アンケート，いじめの通報，情報共有，適切な対処等のあり方

　学校いじめ防止基本方針では，アンケート，いじめの通報，情報共有，適切な対処等に係る内容も定めてあると思います。これらが，具体的かつ実効性のあるものになっているかを検討し，あらためて，これらに関するマニュアルを定めていくこと（「早期発見・事案対処のマニュアル」の策定等）が必要です（これについては，第3節の4項「早期発見・事案対処のための体制づくり」で具体的に述べていきます）。

　定期的あるいは必要に応じて行うアンケートについては，時期，実施方法，個人面談，保護者面談（三者面談）の実施時期，方法，いじめに関する通報のあり方，それらに伴う情報共有，適切な対処等のあり方，さらに，いじめの加害児童生徒に対する成長支援の観点からの，加害児童生徒が抱える問題を解決するための具体的な対応方針まで見通して実施することが必要です。そしてこのアンケート実施に関する一連の流れ，対応等を，できるだけ具体的に定めておき児童生徒，保護者に周知する，また，毎年度，学校評価を踏まえ改善するなどして，それを児童生徒，保護者に説明することが重要です。

　また，国立教育政策研究所は，アンケートは無記名式アンケートが有効であると述べています（国立教育政策研究所，2015）。ただ，これで終えてしまうのではなく，児童生徒全員に個人面談を実施し，早い段階での相談や報告が増えるような関係づくりに取り組むことが重要です。これらは，後述する学校いじめ対策組織の取り組みによる未然防止，早期発見および事案対処の行動計画になることから，事案対処に関する教職員の資質能力向上を図る校内研修の取り組みも含めて，年間を通じた当該組織の活動が具体的に記載されている必要があります。

　学校いじめ防止基本方針に基づく対応が徹底されることにより，教職員がいじめを抱え込まず，かつ，自分が今，何をすべきかがわかるようになります。つまり，学校のいじめへの対応が個々の教職員によるものではなく，組織によるものへと変わっていきます。また，児童生徒およびその保護者に

対し，いじめの発生時における学校の対応をあらかじめ示すことは，児童生徒が学校生活を送る上での安心感を与えるとともに，学校が児童生徒をどのように育てようとしているのか，保護者や地域は，何を協力すればよいのかがわかり，加害行為の抑止につながることも期待できます。さらに，加害者への成長支援の観点を基本方針に位置づけることにより，学校はもとより，保護者，地域と連携した，いじめの加害者への支援につながることも期待できます。

TRY 4 自分の学校のアンケート，いじめの通報，情報共有，適切な対処はどのようになっているか確認してみましょう！
● 組織化・マニュアル化されていますか？
● 児童生徒，保護者にはどのような方法で周知を図っていくことが効果的ですか？

第3節 学校いじめ対策組織の役割と活動

　法第22条では，学校におけるいじめの防止，いじめの早期発見およびいじめへの対処等に関する措置を実効的に行うため，組織的な対応を行うため中核となる常設の組織を置くことを明示的に規定しています。この組織をどのようなメンバーで構成するのか，どのような役割や機能を担うのか，どのように機能させるのか検討し実行することが，学校管理職の重要な役割のひとつです。学校いじめ対策組織は，学校が組織的かつ実効的にいじめの問題に取り組むに当たって中核となる役割を担うことから，未然防止，早期発見・事案対処，学校いじめ防止基本方針に基づく各種取り組みの3つの役割を担います。ここでは，組織の構成のあり方と，3つの役割のうち，未然防止，早期発見・事案対処の2本を柱にして，「学校いじめ対策組織」の構成員，児童生徒，保護者等への対応，教職員のスキルアップ等の観点にふれながら述べていきます。

❶ 組織の機動性を高めるために

　学校いじめ対策組織は法で「当該学校の複数の教職員，心理，福祉等に関する専門的な知識を有する者その他の関係者により構成される」とされています。「当該学校の複数の教職員」については，学校それぞれの実情もありますが，既存の組織を有効に活用して構成すると，招集も，機動もよくなります。例えば，生徒指導部会の構成員であれば，学校管理職，主幹教諭，学年主任，養護教諭等は必ず学校いじめ対策組織の構成メンバーにしておくということです。ただし，どの組織を基盤に活用しても，主幹教諭については，教務担当と生徒指導担当の両者はメンバーに入れておくことが，学校全体で機動的に迅速に対応できる点で重要です。このメンバーに，心理や福祉の専門家であるスクールカウンセラー・スクールソーシャルワーカーを入れ，例えばスクールカウンセラーの出勤日に生徒

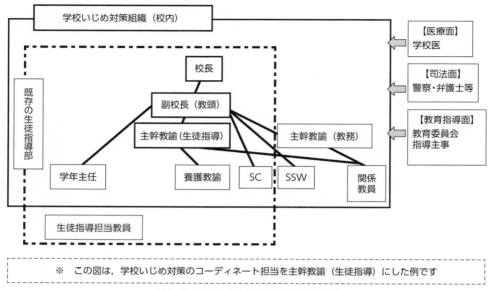

図6-1　学校いじめ対策組織の構成員

指導部会を設定し，その延長に学校いじめ対策組織の会を入れておくことで，児童生徒のいじめに関する情報収集・共有，事案対処が定期的に円滑に行えるよさがあります。また，事案ごとに事情も異なることから，個々のいじめの防止・早期発見・対処に当たって関係の深い学級担任，教科担任，部活動指導に関わる教職員なども加われるようにしておきます。

　さらに，いじめの事案対処にあたっては，その踏み込み方に学校として判断に迷うこともあります。教職員が毅然とした態度でいじめ問題に立ち向かっていくためには，学校管理職の意気込み，気迫では不十分です。判断に迷う事案があった際に，教育指導面では教育委員会の指導主事，医療面からは学校医，司法面からは警察や弁護士等を非常時のための構成員としてネットワークを構築し，専門家からの助言を受けることが，教職員に自信と勇気を与えます。特に人権面や訴訟面に明るい法律家の助言は，対応の見通しを示してくれます（図6-1；column 6 参照）。

　学校いじめ対策組織の役割，構成員等については，毎年度，学期当初に，学校管理職が児童生徒には全校朝会などで，保護者には保護者会で，実際に一人ひとりを紹介します。その後，学校だよりやホームページ等にあげていくことが，いじめが起きにくい・いじめを許さない学校風土づくりの面でも，予防・未然防止プログラムで学んだ援助要請や援助行動のスキルを活かして行く上でも重要です。

❷　児童生徒，保護者への働きかけ

　学校いじめ対策組織が，いじめの未然防止のため，いじめが起きにくい・いじめを許さない環境づくりを行う中核としての役割を担うことから，前述の「学校いじめ防止基本方針」の年間計画，各指

導計画の作成，実施，評価と，年間計画に位置づいた「学校いじめ防止プログラム」等を実施していくための教職員の研修の企画・立案，実施，評価を行っていくことになります。児童生徒の実情から，どの時期に，何が必要なのか，どのような認識やスキルを育てたいのか，そのためのプログラムはどうあるべきか，専門家と連携する部分はどの部分かを検討していきます。

　可能であれば，児童生徒対象の学校いじめ防止プログラム等の作成にあたっては，保護者や児童生徒の代表，地域住民などの参画も意義深いと思います。なぜならば，いじめ問題は，学校管理職，教員だけでなく，児童生徒，保護者，地域住民がそれぞれの立場で，「当事者意識」をもってもらうことが一番重要だと考えるからです。それもいじめの被害者，加害者，観衆，傍観者に分かれてしまった状態になってからではなく，何も起きていない段階で「いじめをしない，させない当事者意識」をもってもらうことが重要です。そのときに，児童生徒なら児童会，生徒会組織に「学校いじめ防止プログラム案」を提示して議論を促します。すると，教員の気づきにくい部分に対して児童生徒の立場から示唆が得られます。また，参画した児童生徒は，プログラム作成の関与を通して，プログラム実施にあたっても，取り組む姿勢や学級の他の児童生徒への働きかけが違ってきます。

　実は，筆者が教員になって最初の中学校に勤務していたとき，自分の学年で行ういじめ防止のプログラムについて，各学級の学級委員の集まる学級委員会に意見を投げかけたことがありました。そのとき，「先生，いじめは，いじめる人間といじめられる人間とだけを考えて指導してもダメなんですよ。一番肝心なのはそれを見ている人間がどう動くかなんですから，そこにつっこまないと」と指摘され，目からウロコが落ちる思いで，プログラムを生徒の意見を踏まえて見直した経験があります。今から 35 年以上前の話で，いじめの 4 層構造（森田・清水，1986）という概念も生徒は知らなかった時代です。そして，プログラムの実施にあたっても，学級委員が意図を汲んで非常に協力的に動いてくれました。

　同様に保護者にも地域で見守る地域住民にも，「いじめをさせない当事者意識」をもってもらうのです。保護者であれば PTA 役員や子どもの健全育成を担う委員等に，地域住民であれば学校運営委員会のような組織に，「学校いじめ防止プログラム案」を提示し，検討してもらい意見をいただくことをします。これに携わることで，思いのほか，それぞれの立場でいじめ問題に対する「当事者意識」は変わってきます。

　このように，主体的な姿勢をもって教職員，児童生徒，保護者，地域住民が関わることが，いじめの問題の当事者意識を育み，いじめが起きにくい・いじめを許さない環境づくりの醸成につながります。

③ 教職員のためのスキルアップ研修

　校内研修をするといっても，年間にできる回数も，一回にかけられる時間も限られています。また，校内研修でやらなければならない内容も，教育委員会から要請される服務等に関する研修や，学習指導要領の理解や授業のあり方に関するものまでありますから，いじめ問題に関する教職員のスキルアップを図る研修は，自校の課題，自校の教職員の課題を踏まえ，絞り込んだ内容に吟味していかなければなりません。

　例えば，いじめに対する教職員の認識や意識の「温度差」をなくし，「共通理解」や「行動の一元化」を図る前提となる学校いじめ防止基本方針の確認は毎年度必要です。それ以外の研修として，児童生徒対象の「学校いじめ防止プログラム」の指導に関わる内容，いじめ問題に関する感度を高め，「温度差」の解消を図る研修，いじめ問題への介入，指導等のスキルなどを高める研修などが挙げられます（表6-4）。これらの内容を，教職員の課題，ニーズを踏まえてセレクトし，年間2回程度，例えば長期休業やその前後などを利用して行っていきます。以上の研修計画等について，学校いじめ対策組織で企画，立案・実施の役割分担をしていくようにします。

④ 早期発見・事案対処のための体制づくり

　学校いじめ防止基本方針に定める，早期発見・事案対処のための諸対応のあり方を，この学校いじめ対策組織で議論していきます。具体的には2点あります。第一に，いじめの早期発見のため，いじめの相談・通報を受け付ける窓口としての役割をどのように果たしていくかです。つまり，どのようにして児童生徒へ，いじめを受けた児童生徒を徹底して守り通し，事案を迅速かつ適切に解決する相談・通報の窓口であると認識されるような周知を図っていくか，どのような条件等の整備を図ったら機能するかなどを検討し，学校いじめ防止基本方針に反映します。第二に，学校いじめ対策組織が，いじめの防止等の中核組織として，いじめの早期発見・事案対処のために，いじめの疑いに関する情報や児童生徒の問題行動などに関する情報をどのような方法で収集・記録し，共有を図っていくかです。いじめに係る情報（いじめが疑われる情報や児童生徒間の人間関係に関する悩みを含む）があったときに，情報の迅速な共有をどのように図るかなど，フローチャートなどで図式化（見える化）します（図6-2）。これも学校いじめ防止基本方針に反映し明記します。

表6-4　校内研修　いじめ問題へのスキルアップ研修内容例

1	いじめの予兆の感度を上げる
2	いじめの疑いを感じたときの児童生徒への介入法
3	いじめを訴えている被害児童生徒への介入法
4	いじめを認めようとしない加害児童生徒への介入・指導法
5	いじめの加害児童生徒の保護者への対応
6	わが子のいじめの加害を否定する保護者への対応

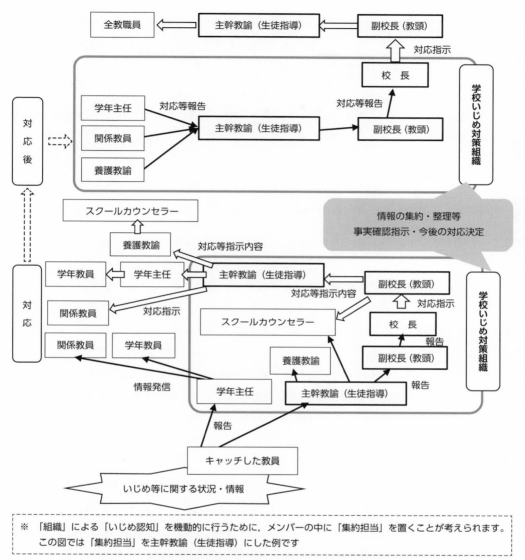

図6-2　いじめの早期発見・事案対処のため，情報共有化フローチャート

　これら一連の動きについても，学校管理職や学校いじめ対策組織の構成員の教職員が，児童生徒には全校朝会などで，保護者には保護者会で，説明していくことが重要です。学校だよりやホームページ等にあげていくことだけでは，少なくとも児童生徒や保護者の意識レベルとしては，周知を図ったことにはならないと考えたほうがよいと思われます。

● 自分の学校の学校いじめ対策組織がより機動的になるために，構成員に工夫をする必要がありますか？

● 未然防止に向け，児童生徒，保護者・地域住民に「当事者意識」をもってもらうために，どのような働きかけが考えられますか？

● 早期発見・事案対処のための情報キャッチ，収集，共有について，どのような組織づくりができますか？

5 組織対応効力感を高めるための OJT 体制づくり

　最後に，組織対応効力感を高めるための OJT 体制づくり，教職員の支援体制の観点を述べていきます。

　いじめの未然防止・早期発見・事案対処は，学年単位で対処することが圧倒的に多いので，学年団の力量がいじめの諸問題の解決には少なからず影響を及ぼします。そこで，学校管理職としては，学年構成や校務分掌組織の人員構成についても，未然防止・早期発見・事案対処のスキルを継承できる経験値，力量，信念や押しの強さなどのバランスを考えることは当然重要になってきます。また，一方，児童生徒に最も接する機会の多い学級担任や教科担任等が，未然防止・早期発見・事案対処の実効化のための機能を十分に果たせるようにするためには，主体性や当事者意識を高める必要があります。そこで，学校のいじめ対策の企画立案，事案対処等を，学級担任を含めたすべての教職員が経験することができるようにするなどの，組織の柔軟化も有効であると考えます。さらに，教職員の経験年数や学級担任制の垣根を越えた，教職員同士の日常的なつながり・同僚性の醸成に留意したいものです。

　そのためには，職員室のなかで，教員が相互に，かつ，ざっくばらんに児童生徒の話題を当たり前のように交わせる風土をつくりたいものです。例えば，職員室の一角にある談話コーナーで，コーヒーブレイクしながら語れる場の設定も有効でしょう。また，学校管理職が各教員の個性・課題等を把握するなかで，メンター的な役割を果たせる教員を選び，若手教員，あるいは学級経営に苦戦している担任，孤立しがちな教員，問題を一人で抱え込みがちな教員などに，メンター役の教員が，日常的にアプローチしていく機会の設定も必要です。

　OJT という言葉が，比較的安易に使われる傾向を感じますが，OJT とは，スキルをもった組織が，組織内の教職員をスキルをもった教職員に育てることだと思います。いじめ問題に対していうならば，次のような組織であることが求められます。すなわち，いじめに関する鋭利な感性をもつ組織，いじめに関する事実確認を適切に行える組織です。いじめは理由の如何にかかわらず，人間として許されない行為であるという確固たる学校の信念を児童生徒に浸透させている組織，いじめを受けた被害児童生徒，いじめを訴えた児童生徒を命がけで守る組織といえます。しかし，ここで重要になるのが，

大人がむやみに勇み足をするのではなく，それぞれの児童生徒の不安，懸念を理解し，解決に向けて，当該生徒と合意形成を図りながら，組織的に進めていく力量をもつことです。こうした児童生徒の心情に寄り添った対応ができる組織であってこそ，児童生徒は援助要請を出せるわけです。また，いじめの加害児童生徒に毅然と対応，指導できる組織，いじめの加害児童生徒の保護者に適切に対応できる組織，いじめの被害児童生徒の保護者に適切に対応できる組織が挙げられます。いじめをしたという事実を認めようとしない児童生徒，保護者にも，過大な要求をする保護者にも，組織として，いじめに関する事実関係を客観的に明確に把握した上での説明責任を果たせること，児童生徒，保護者の感情的なあるいは攻撃的な言動などに対しても，揺るがないことです。そのためには外部の専門機関・専門家との連携を通して学ぶこともスキルアップにつながります。具体的には，教育委員会，司法・警察，法律家（弁護士），学校医との連携，これらの機関・専門家からのアドバイス，サポートを受けられる体制を構築していくことが，非常時に適切な対応をとることができる見通しや自信につながってくるわけです。

TRY 6	自分の学校の教職員の支援体制について振り返ってみましょう！ ●現在，対応に苦戦していてサポートを必要としている教職員はいますか？ ●教職員の誰が誰をサポートできますか？ ●学校管理職がすべての教職員に対してサポートする姿勢をどのように示せばいいでしょうか？

おわりに

　本章では，校長を筆頭に学校管理職がリーダーシップを発揮した組織や，その組織による取り組みについて述べてきました。このような組織が構築できてはじめて，教職員の中に，いじめ問題の解決に向けての効力感が生まれ，学校管理職や教職員の異動に左右されない組織になります。こうした組織が，個々の教職員のスキルを向上させ，いじめから児童生徒を守ることができると考えます。こうした組織の構築は，遠大な目標のように感じるかもしれません。しかし，まず法が定めた学校の責務——学校いじめ防止基本方針と学校いじめ対策組織——の2つを基軸として，自校の課題を見据え，その解決のために，現実的で実効性のあるものに，具体化していくことから始めます。そして，振り返り（学校評価）をしっかり行い，改善を図っていきます。この一連のプロセスを繰り返していくことにより，いじめに関するスキルをもった組織が自ずと構築されていくと確信しています。

いじめ問題への法的助言の活用
多職種連携の強化に向けて

　　鬼澤 秀昌　弁護士

◆弁護士のいじめ予防のための取り組み

　皆さんは，「弁護士」というとどのようなイメージを持たれているでしょうか。証人尋問の際に法廷で「異議あり！」と叫ぶ姿や，また，もめごとがあった際に，法的な観点からバッサリ一刀両断する姿をイメージされる方もいらっしゃるかもしれません。しかし，教育現場に実際に関わっている弁護士は，必ずしもそのような関わり方をしているわけではありません。このコラムでは，いじめ予防における弁護士の関わり方として，①いじめ予防授業，②スクールロイヤーの2点をご紹介させていただきたいと思います。

◆いじめ予防授業

　実は，弁護士が学校でいじめ予防授業を始めたのは2004年です。当時，平尾潔弁護士が，ご子息が通う学校でいじめ予防授業をしたのがきっかけでした。その後，現在は，全国のいじめ予防授業を経験した弁護士同士の交流集会も開催されるほど，弁護士によるいじめ予防授業も広まっています。弁護士は様々な深刻ないじめの案件を扱っているからこそ，なぜいじめがダメなのか，説得力を持ってお話をすることができるのです。

　当初，平尾弁護士が行っていたいじめ予防授業の内容は，平尾（2009）に具体的に紹介されています。また，平尾（2009）と内容は異なりますが，具体的な授業案等については，第二東京弁護士会（2017）や，真下（2019）にも掲載されており，学校での授業にも活用することができますので，参考にしていただければと思います。

　また，原則として都道府県ごとに弁護士会という弁護士が所属する団体があります。ホームページからいじめ予防授業の申し込みができる弁護士会もありますので，各地の弁護士会のホームページを確認してみてください。

　最近は，SNSでのいじめや，LGBT・外国人をテーマとしたいじめ予防授業をしてほしいという依頼も増えています。教員の方々の普段の指導の効果を最大限生かせるようにするためにも，授業に関する要望は弁護士に遠慮なくお伝えいただくことが重要です。なお，弁護士がいじめ予防授業をする際，学校や教育委員会からは，いじめ行為が刑法上の犯罪に該当することや，民事上の損害賠償責任を追及されること等を話してほしいと言われることがあります。ただし，このような話をする場合，単なるおどしにならないようにすることや，法的責任が生じなければいじめをしてもよいというメッセージになってしまわないように注意することが重要です。

◆スクールロイヤー

　また，2018年にNHKのドラマでスクールロイヤーが取り上げられたことや，文部科学省によるスクールロイヤーの活用の研究事業が実施されたことで，「スクールロイヤー」という言葉が広まりました。現在，スクールロイヤーの公的に統一された定義はありませんが，日本弁護士連合会は，2018年1月18日に発表した意見書で「（学校の）設置者において，学校で発生する様々な問題について，子どもの最善の利益を念頭に

置きつつ，教育や福祉等の視点を取り入れながら，法的観点から継続的に学校に助言を行う弁護士」と定義しています。

　実際に，筆者も学校法人や教育委員会のアドバイザーの仕事を担当していますが，どちらかの要求だけを一方的に通すことはしません。むしろ，子どもの最善の利益の実現を目指して初期の段階から関わることによって，法律に則った対応を促すとともに，議論を整理し，より良い環境作りのために調整的なアドバイスをすることがほとんどです。具体的な内容については，石坂・鬼澤（2020）を参考にしていただければと思います。本書では「いじめ予防」をテーマとしていますが，軽微な（法律上の）「いじめ」の段階で適切に対応することで，社会通念上の「いじめ」に至ることを防ぐことができるのです。

◆他職種の連携を目指して

　以上，紹介させていただいた，いじめ予防授業とスクールロイヤーのいずれにおいても，弁護士による対応だけでは当然限界があります。いじめ予防授業も，スクールカウンセラーやスクールソーシャルワーカーの皆さまからもご意見をいただきブラッシュアップしていく必要がありますし，スクールロイヤーもいかに他の専門家の方々との連携を深めていけるかが今後の課題です。

　まずは，弁護士を「何かあったときに頼む人」ではなく，「いじめ予防に取り組むパートナー」として認識していただけると嬉しいです。

【引用文献】
第二東京弁護士会（2017）．小学生のための 弁護士によるいじめ予防授業　清水書院
平尾 潔（2009）．いじめで誰かが死ぬ前に——弁護士のいじめ予防授業　岩波書店
石坂 浩・鬼澤秀昌（編著）（2020）．実践事例からみるスクールロイヤーの実務　日本法令
真下麻里子（2019）．弁護士秘伝！　教師もできるいじめ予防授業　教育開発研究所

集合型研修と訪問型研修を組み合わせた
教育委員会としてのいじめ防止・対策の取り組み

嘉戸 浩二　鳥取県教育委員会事務局中部教育局 指導主事

　いじめ問題に適切に対応するためには，いじめの定義を正確に理解することが不可欠です。いじめ防止対策推進法で示されたいじめの定義は，それまでの定義よりもかなり幅広くいじめを捉えるものになりました。そのため学校現場では，いじめの定義や，どのような行為がいじめにあたるのか等の理解について，学校間，教職員間でかなり差がある状況になっています。このような状況では，いじめの初期対応において最も重要な「いじめの認知」に個人差が生じ，場合によっては，教職員の「抱え込み」や「認知もれ」から重大事態を招くことになりかねません。筆者が所属する教育委員会では，学校の教職員を対象に，いじめの認知と適切な対応の仕方を周知・徹底していくことを目的として，集合型と訪問型の2つの研修会を実施しています。

◆集合型研修：小・中学校生徒指導担当者研修会（4月実施）

　いじめ問題への対応では，多くの学校で生徒指導主事・主任が中心的な役割を果たします。主事・主任がいじめの対応に必要な知識を得て，各学校で重要事項の周知・徹底や校内組織の整備等を推進していくために，管内5市町の教育委員会と協働して研修会を開催しています。研修会では，参加者の理解を深めるために，いじめの定義や認知に関する講義だけでなく，事例に基づいた資料から具体的な対応について協議する演習も行っています。集合型研修には，担当者を通じて管内の全学校に広く周知できるという利点がありますが，各学校でどのように伝達されたかによって温度差が生じるという課題もあります。

◆訪問型研修：いじめ問題に関するミニ研修（通年・随時実施）

　筆者の所属する教育委員会では，要請のあった学校に指導主事が出向いて1時間程度の講義・演習を行う訪問型研修を実施しています。研修の内容自体は前述の生徒指導担当者研修会で行っているものとほぼ同じですが，指導主事が学校を訪問して研修を行うことで，学校の全教職員へ対応に必要な知識を確実に伝達し，校内での共通理解の形成や体制整備に，より直接的にアプローチすることが可能となります。この研修により，学校単位で，重要事項をより正確に，かつ確実に伝えることができると考えています。

　当教育委員会では，集合型研修と訪問型研修を組み合わせ，全教職員にいじめの対応に必要な知識をより効果的・効率的に伝達できるように取り組んできました。管内のいじめ認知件数は，令和元（2019）年度は前年の約2.5倍に増加しており，各学校で，いじめアンケートの内容や回数を見直したり，報告様式を記述・確認しやすいものに改善したりするなど，校内体制の整備や積極的な認知・対応が着実に進んできています。今後も，各学校や市町教育委員会と協働し，県教育委員会としての役割を果たしていきたいと考えています。

第7章 学校内の専門スタッフと協働したいじめ対策

山崎 沙織

　学校現場では，子どもの支援にスクールカウンセラー（以下，SC）やスクールソーシャルワーカー（以下，SSW）といった学校内の専門スタッフの活用が少しずつ進んできています。不登校状態にある児童生徒や，学校の適応上の課題をもつ児童生徒への支援といった心理・発達面に課題があるケースについては，SC を活用することが一般的になり，貧困や虐待といった家庭環境に課題のあるケースについては，SSW を活用し始めている学校も増えてきているのではないでしょうか。しかし，いじめに関する支援については，SC，SSW をうまく活用できていない学校が多いのが現状です。本章では，学校の教職員の方々に SC や SSW といった学校内の専門スタッフと協働したいじめ対策について考えていただくこと，また，SC や SSW の方々にも学校内のいじめ対策への関わり方について考えていただくことを目指しています。具体的には以下の 3 点のスキルアップを目指します。

> **本章を読んで**
> **ここを**
> **スキル**
> **アップ！**
>
> 1．いじめ対策（予防・対応）における SC や SSW といった学校内の専門スタッフの活用の根拠を理解する
> 2．学校の教職員，SC，SSW が協働していじめ予防（未然防止・早期発見）を行う知識とスキルを獲得する
> 3．学校の教職員，SC，SSW が協働していじめ対応・支援を行う知識とスキルを獲得する

第1節　SC, SSW と協働していじめ対策を進めるための基礎知識

1　いじめ対策に SC，SSW の活用が進まない要因

　いじめ対策に SC，SSW の活用の必要性が叫ばれる中，学校現場ではなかなか活用が進んでいない現状があります。編者らが行った SC131 名を対象とした調査（飯田，2019）でも，過去 1 年間にいじめ事案に対応したことがある頻度を尋ねた結果，0 回が 41.32 ％，1 〜 2 回が 48 ％という結果が示されました。そして，自由記述調査の中では，「加害児童生徒の対応は SC にまわってくることがない。そこが課題だと思う」という回答が見られ，いじめに関する支援に SC が活用されていない現状が示されました。では，どうして学校のいじめ対策に SC，SSW の活用が進まないのでしょうか。

　いじめ対策に SC，SSW の活用が進まない要因として，まず，学校がその必要性を感じていない

ということがあげられます。また，そもそも SC や SSW をいじめ対策にどのように活用できるのか
を知らない，ということもあるのではないでしょうか。いじめ対策に SC，SSW を活用する必要性
やメリットを感じていなければ，活用が進まないのは当然のことでしょう。また，一部の教職員のみ
が必要性を感じている場合，その声が学校全体に反映されないことも考えられます。では，どのよう
にしたら学校はいじめ対策に SC や SSW を効果的に活用できるのでしょうか。

いじめ対策に SC，SSW の活用が進まない要因

- ●学校が必要性を感じていない
- ●活用の方法やメリットを知らない
- ●一部の教職員のみが，必要性やメリットを感じている

　ここでは，いじめ対策に SC，SSW の活用が進まない要因の打開策として，「活用の根拠」を解説
していきます。また，第 2 節以降では，「活用の方法・メリット」を実践例を交えながら詳しく解説
していきます。これらを知っておくことで，SC，SSW を活用したいじめ対策の必要性とその効果が
わかります。まず，その内容を自分自身が知っておくことで，積極的に SC，SSW をいじめ対策に
活用できます。また，それを他の教職員に伝えることができると，校内のチームの一員として SC，
SSW を活用したいじめ対策が実行できます。さらに，本章を活用し，教職員研修を実施してみるこ
ともおすすめです。研修の講師は，いじめ対策の要である生徒指導担当教員や教育相談コーディネー
ターにお願いすることも効果的でしょう。また，SC や SSW に具体的な活用の事例を盛り込んで研
修を実施してもらうことも有効です。学校が SC，SSW の「活用の根拠」，「活用の方法・メリット」
を知ることで，教職員と SC，SSW が協働した多職種チームによるいじめ対策の一歩になるはずです。

② いじめ対策における SC，SSW 活用の根拠

　まず，SC，SSW の活用を進めるために重要なのは「活用の根拠」です。それを知っておくことで，
適切に SC，SSW をいじめ対策に活用できます。教職員の一人が，「これはいじめ事案だな」と思っ
た場合，校内で早急にいじめ対策委員会が開かれ，SC や SSW といった心理・福祉の専門家も含め
た組織的ないじめ対応ができるのなら問題はありません。しかし，その動きが難しい学校現場がまだ
まだ存在します。いじめ事案は適切に対応しないと，子どもの心身の問題や不登校といった状況につ
ながる可能性があります。いじめ対策について SC，SSW の活用の根拠を学校がきちんと理解して
いることで，早期に心理・福祉の専門家と連携した効果的な支援が開始できます。

(1) いじめ対策は「SC，SSW の職務」

　SC，SSW をいじめ対策に活用するためには，まず，それぞれの職務を学校が知る必要があります。

表7-1　SCとSSWの役割（文部科学省，2007；2013をもとに作成）

スクールカウンセラーの役割	スクールソーシャルワーカーの役割
1. 児童生徒に対する相談・助言 2. 保護者や教職員に対する相談（カウンセリング，コンサルテーション） 3. 校内会議等への参加 4. 教職員や児童生徒への研修や講話 5. 相談者への心理的な見立てや対応 6. ストレスチェックやストレスマネジメント等の予防的対応 7. 事件・事故等の緊急対応における被害児童生徒の心のケア	1. 問題を抱える児童生徒が置かれた環境への働きかけ 2. 関係機関等とのネットワークの構築，連携・調整 3. 学校内におけるチーム体制の構築，支援 4. 保護者，教職員等に対する支援・相談・情報提供 5. 教職員等への研修活動

　SCは平成7（1995）年度から，SSWは平成20（2008）年度から，学校内の専門スタッフとして活用されています。文部科学省のホームページによると，SCとSSWの業務は表7-1のように示されています。SCは，児童生徒や保護者のカウンセリングや教職員へのコンサルテーションといった個別ケースへの対応，校内会議等への参加，研修講師や予防的対応といった集団への支援，緊急対応時の心の支援などが主な職務です。SSWについては，児童生徒の置かれた環境への働き掛け，関係機関とのネットワークの構築，学校内のチーム体制の構築などが職務としてあげられます。

　さらに，文部科学省（2007）は，SCについて「スクールカウンセラーが相談に当たる児童生徒の相談内容は，不登校に関することが最も多いが，いじめ，友人関係，親子関係，学習関係等多岐にわたっており，近年は，発達障害，精神疾患，リストカット等の自傷やその他の問題行動などますます多様な相談に対応する必要性が生じている」としており，SCを活用するケースは不登校の生徒だけではなく，いじめや行動上の問題など多岐にわたることを示しています。SSWについては，スクールソーシャルワーカー活用事業実施要領において，「いじめ，不登校，暴力行為，児童虐待など生徒指導上の課題に対応するため，教育分野に関する知識に加えて，社会福祉等の専門的な知識・技術を用いて，児童生徒の置かれた様々な環境に働き掛けて支援を行う，スクールソーシャルワーカーを教育委員会・学校等に配置し，教育相談体制を整備する」（文部科学省，2013；2020）と示されています。よって，いじめ対策は，SC，SSWの重要な職務といえます。

　また，第1章で述べられているように，いじめには個人レベル，家族・仲間など身近な人間関係のレベル，学校環境レベル，地域・文化・メディアなど社会要因レベルなど，多様な要因が影響しています。いじめに関する対応において，SCやSSWといった専門家も含めたチームで対応することで，多様な視点からいじめを理解し，防止することができます。

(2)「いじめ防止対策推進法」に記されたSC，SSWの活用

　学校現場には，いじめへの対応を含め生徒指導に関する学校・教職員向けの基本書として「生徒指

表 7-2　「いじめ防止対策推進法」に記された SC，SSW の活用

第4章　いじめの防止等に関する措置
（学校におけるいじめ防止等の対策のための組織）
第 22 条　学校は，当該学校におけるいじめの防止等に関する措置を実効的に行うため，当該学校の複数の教職員，**心理，福祉等に関する専門的な知識を有する者**その他の関係者により構成されるいじめ防止等の対策のための組織を置くものとする。
（いじめに対する措置）
第 23 条　3 項　学校は，前項の規定による事実の確認によりいじめがあったことが確認された場合には，いじめをやめさせ，及びその再発を防止するため，当該学校の複数の教職員によって，**心理，福祉等に関する専門的な知識を有する者**の協力を得つつ，いじめを受けた児童等又はその保護者に対する支援及びいじめを行った児童等に対する指導又はその保護者に対する助言を継続的に行うものとする。

導提要」（文部科学省，2010）があります。しかし，学校で行われている生徒指導は，現場の教員の判断によるところが限りなく大きいことが指摘されており（宮古，2010），学校の教職員は児童生徒の生徒指導上の問題に手探りで当たっているのが現状です。よって，これまでの学校現場でのいじめに関する対応は，教員の裁量に任せられている部分が多く，担任一人で対応してしまう教員の抱え込みが起こりやすく，いじめの問題が悪化しやすい状況にあったと考えられます。また，いじめ問題にチームで対応したいと考える教員がいても，学年主任や管理職の考え方によりチームとして動けないといった状況が起こることもあったのではないでしょうか。

　しかし，平成 25（2013）年 9 月に「いじめ防止対策推進法」が施行され，法に沿ったいじめ対応が必要となりました。さらに，その法律の中に「心理・福祉等に関する専門的な知識を有する者の活用」が明記され，いじめ対応には心理の専門家である SC や福祉の専門家である SSW を活用することが示されました（表 7-2）。前述のとおり，いじめは，個人の要因，家族や仲間など親しい人間関係の要因，学校の要因などが複雑に絡み合います。よって，いじめを理解し適切な対応を行うには，それぞれの立場の専門家の意見を取り入れ，対応していく必要があります。学校に勤務する教職員は，「いじめ防止対策推進法」，同年 10 月に策定された「いじめの防止等のための基本的な方針」に目を通し，いじめに関する対応に心理・福祉の専門職である SC，SSW を活用することが示されていることを確認しておきましょう。

TRY 1　自分の学校の「いじめ防止等のための基本的な方針」に，心理・福祉の専門職である SC，SSW の活用がどのように示されているか確認してみましょう！

第2節 いじめ予防（未然防止・早期発見）における SC, SSW の活用

「SC, SSW は，何か問題が起こってから動いてもらう人」といったイメージをもっている方も多いのではないでしょうか。学校心理学における心理教育的援助サービスは，「一次的援助サービス」，「二次的援助サービス」，「三次的援助サービス」の3段階から成り立っています（石隈，1999；第1章参照）。その中の一次的援助サービスは，すべての子どもに対する問題の未然防止と早期発見のための取り組みです。SC, SSW が教職員と協働していじめ予防の取り組みを行うことは，学校全体の援助サービスの向上につながる重要な活動になります。SC, SSW を活用した効果的ないじめ予防の方法として，**アンケート調査，面談，心理教育**という3つの方法を紹介します。

① アンケート調査による予防

（1）SC, SSW と協働した「いじめアンケート」の実施

いじめアンケートの内容はどのようなものがよいか，無記名・記名式アンケートをどう活用していけばよいか，迷われている学校も多いと思います。そんなとき，アンケートの準備段階から SC や SSW と協働することをおすすめします。SC や SSW はいじめの早期発見のために子どもたちにどんな項目を聞いておくことが大切かなど，一緒に考えることができます。SC は，どんな文章で聞くと子どもたちが答えやすいかなど，心理の視点での助言もできます。アンケートを最大限活用するためにも，SC や SSW と協働していじめアンケートを実施してみるのはどうでしょうか。

■アンケート実施の注意点と工夫

アンケートを実施するにあたって，非常に大切な注意点があります。アンケートを実施する際には，必ずその対応もセットで行うことです。つまり，アンケートに子どもからなんらかのメッセージ（特にいじめ被害）が発せられていた場合には，面接や何かしらの対応を早期に行う必要があります。アンケートを実施して何も対応しないことは，逆に子どもたちを傷つける行為になります。私たちにとっては何回か行うアンケート調査のひとつかもしれませんが，いじめの被害を受けている児童生徒にとっては，何とか状況や気持ちを伝えた瞬間かもしれません。教員だけでなく SC や SSW にも必ずアンケートに目を通してもらい，協働していじめ事案に対応していくことが必要です。

また，「いじめアンケート」として実施してしまうと，子どもたちに抵抗感を生み本当の声が聴けないこともあります。よって，「いじめアンケート」という名称ではなく，「こころとからだの健康アンケート」や「こころとからだのストレスチェック」などの名称で，いじめアンケートを実施することもあります。また，アンケートの後に，ストレス対処やリラクゼーション方法，相談窓口の案内についてのリーフレットを全校児童生徒に配布することも学校全体でのいじめ予防につながります。

(2) SC，SSW と協働した「いじめアンケート」の活用

　アンケート結果の分析に SC や SSW が入ることで，小さなサインを見落とさないでキャッチすることができます。SC はアンケートに書いてある内容だけではなく，消しゴムで消した跡はないか，筆圧はどうかなども見ながら，子どもの心理的な状態を把握します。さらに，何も書いていないアンケートからも，何かしらのサインを読み取ることを意識します。また，SSW はアンケート結果だけでなく，子どもの日頃の様子や欠席日数，家庭的背景など，学校で把握することができる子どものあらゆる情報を照らし合わせながらアンケート結果を分析することができます。

　また，多くの学校で実施されている『Q-U（Questionnaire-Utilities）楽しい学校生活を送るためのアンケート』（図書文化社）は，いじめを発見する項目が数多く含まれており（河村，2016），いじめ発見のツールとして有効です。Q-U は学級集団（学級の状態や学級の中での個人の位置）の特徴を把握するイメージが強い検査ですが，児童生徒個人の状態を把握するうえでも力を発揮する検査です。つまり，集団のアセスメントと個のアセスメントに活用できるということです。SC は個の心理状態を把握することに特に長けています。SC と一緒に Q-U の結果を見ながら，児童生徒の様子を確認するのもよいでしょう。さらに高校生用の hyper-QU には，悩みに関するアンケートが含まれており，家庭や経済的な悩みを問う項目が含まれています。SSW と一緒に結果の検討を行っておくことで，これらの項目に当てはまる児童生徒の支援に早期に入ってもらうことができます。

　このように SC，SSW にはそれぞれの専門性があり，教員とは違う視点でアンケートを見取り，活用することができます。よって，その専門性を発揮したアンケートの検討会や教職員研修を開催するのもよいのではないでしょうか。

❷ 面接による予防

　児童生徒の状況を把握するためには様々な方法がありますが，最も効果的な方法は直接児童生徒と話をする「面接」です。ここでは教員，SC ともに児童生徒や保護者と広く相談を意図して個別に話をすることを「面接」という言葉で統一します。面接は，児童生徒の話を直接聴くことで，言葉の情報だけでなく，表情やしぐさといった非言語的な情報も読み取ることができます。また，SC による面接は，心理の視点でのアセスメントも加わるので，より深い子どもの状態把握や理解が可能となります。さらに，面接をすることで"先生や SC が自分の話をきちんと聞いてくれる"という子どもの安心感や，"何か困ったら今後も話していいのだ"という「SOS を発信する力」にもつながります。子どもが先生を慕っている様子があると，保護者もその先生を信頼する（杉本ら，2019）ことから，子どもの安心は，保護者の安心に，ひいては学校に対する信頼感につながっていくと考えられます。

　東京都は，いじめの未然防止や早期対応を図ることを目的とし，小学校 5 年生，中学校 1 年生，高等学校 1 年生を対象に SC による全員面接を行っています。東京都以外にも，教員や SC が全員面接やグループ面接を行っている学校があります。SC による全員面接では，児童生徒と初対面で話をす

ることが大半です。よって，初対面でも話がしやすいよう，事前に心身
の状況を聞くためのアンケートを実施した上で面接を行う工夫をしてい
る SC もいます。これは，初対面の子どもと話すきっかけづくりになる
だけでなく，短時間で子どもの見立て（どんな特徴があって，どんなこ
とに困っているかなどのアセスメント）に必要な情報を得るために，ポ
イントを絞って話を聴くことを助けます。また，この機会を使って，

SC の自己紹介や困ったときの対処方法，相談室の利用方法といった，子どもたちがストレスを抱え
たときに適切に対処するための方法を伝えることもあります。面接は，子どもの話を聴くだけではな
く，子どもの見立てを行うことや，困ったときの適切な対処方法を伝える機会として活用することが
できるのです。

❸ 心理教育による予防

　文部科学省（2009）は，SC の役割のひとつとして，ストレスチェックやストレスマネジメント
等の予防的対応をあげており，心理教育によるいじめ予防が SC にも求められています。心理教育
（サイコエデュケーション）とは，「①集団に対して，②心理学的な考え方や行動の仕方を，③能動的
に，④教える方法である」とされています（國分，1998）。SC は悩みをもった一部の児童生徒が相
談する人ではなく，すべての児童生徒といった集団に対してアプローチすることができる心の専門家
です。いじめ予防に関する心理教育はどのようなものがよいのか，SC と一緒に検討してみることを
おすすめします。

　しかし，学校現場では，「いじめ予防」という言葉を前面に出して心理教育の授業を行うことに抵
抗がある学校もあるようです。よって，SC は，「ストレスマネジメント」や「感情のコントロール」，
「対人関係の上手なつくり方」といった心理教育の中に，いじめ予防のエッセンスを入れながら授業
を行うことも多いようです。また，クラスの状況に応じて，少し荒れているクラスへは「怒りのコン
トロールの授業」，子ども同士のパワーバランスが崩れてきている場合には「色々な価値観を知ろう」
といった，多様な価値観に触れるワークを通した授業を行うこともあります。

　また，児童生徒が困ったり悩んだりした際に，適切に SOS が出せるスキルを身につけるための心
理教育もいじめ予防には重要です。筆者が心理教育を行う際には，いじめ予防の授業にかかわらずど
んなテーマであっても，「信頼できる大人（保護者や学校の教職員，SC や SSW 等）や信頼できる友
人，周囲の人に相談することが大切であること」，「SC や教職員への相談方法」，「悩みをもつことは
当然で，相談できることは素晴らしいスキル（技術）であること」，「この学校でもたくさんの児童生
徒が相談に来てくれていること」等を伝え，相談することは特別なことではなく，必要なときに適切
な人に困っていることを伝えることが大切だということを伝えるようにしています。

　先進的な取り組みとして，平成 28（2016）年 4 月に施行された改正自殺対策基本法に基づき，

「児童生徒のSOSの出し方に関する教育」に積極的に取り組んでいる地域（東京都足立区等）もあります。「児童生徒のSOSの出し方に関する教育」の目的は，「学校において児童生徒が命の大切さを実感できる教育に偏ることなく，社会において直面する可能性のある様々な困難やストレスへの対処方法を身に付けるための教育（SOSの出し方に関する教育），心の健康の保持に係る教育を推進するとともに，児童生徒の生きることの促進要因を増やすことを通じて自殺対策に資する教育の実施に向けた環境づくりを進める」ことです（金子ら，2018）。つまり，「児童生徒のSOSの出し方に関する教育」は，自殺対策に留まらず，学校で児童生徒が出会う様々な問題やストレスに対しての対処方法を身につけることを目的としており，いじめ予防にも効果が期待できると考えられます。

■心理教育の授業を成功させる鍵は「打ち合わせ」と「継続」

　心理教育の授業を行う際には，教員とSCで必ず打ち合わせを行いましょう。心理教育が効果的なものになるかならないかは，打ち合せにかかっているといっても過言ではありません。心理教育の授業を実施する場合には，SCと授業を実施するクラスに関わる教員（担任，学年主任等），生徒指導担当教員，教育相談コーディネーターといったメンバーでクラスの状況を共有し，その集団に合った心理教育の授業を計画しましょう。また，心理教育は教科学習と同じで，1回で効果を得るのは難しいものです。年間を通しての実施計画や，学年が上がっても継続的に実施できるよう，学校で長期的な計画をもって取り組んでいくことが大切です。

実践1　高校1年生に行った「リフレーミング」を用いた心理教育の授業（p.126に指導案を掲載）

　筆者は5つの高校でSCとして勤務しています。毎年，入学式直後の新1年生を対象に「自分と相手を大切にするコミュニケーション授業」という，生徒たち同士が必然的に関わる機会をもてるワークを取り入れた授業を計画・実施しています。これは，同一の授業プログラムをすべての学校に実施するのではなく，それぞれの高校のニーズに合った内容を教員と一緒に考え，授業プログラムを組んでいきます。

　ある進学校では，教員から「生徒たちの物事の捉え方が一面的なので，考え方の幅を広げられるようリフレーミングを取り入れた心理教育をしてほしい」という依頼がありました。高校生という年齢においても，物事の捉え方が一面的であることで対人トラブルが起きたり，いじめに発展したりすることもあります。また，他者からされたことや言われたことを一方向から捉えてしまうことで，不適応を起こしたり，学校に登校しにくくなったりする生徒もいます。本実践は，対象が新1年生であり，開催時期が入学直後の4月であることから，自分のことを深く自己開示することには抵抗があるのではないかと考え，担任の悩みをグループでリフレーミングするという授業プログラムを考案し，SCと教員が一体となった心理教育を実施することになりました。

　授業終了後の生徒の感想として「クラスメートと仲良くなるきっかけが作れてよかった」，「先生の

ことがわかってよかった」,「リフレーミングという方法を初めて知った。今度悩んだら使ってみようと思う」「とにかく楽しかった」という声を数多くもらっています。また,教員からは「心理教育の授業後の昼食から生徒たちが一緒に話し始めた」といった感想もいただいています。生徒,教員,SC が一体となった心理教育の授業風景は,学校ホームページにもアップされ,保護者の方々とも共有しています。生徒同士がつながること,生徒,保護者,学校がつながることは,学校風土(学校の雰囲気)をよくします。そして,学校風土は,いじめ予防にとって最も重要な要素のひとつとされています(和久田,2019)。よって,心理教育は,授業を行った生徒のみに効果があるものではなく,学校全体にも影響を及ぼす可能性を秘めています。本実践を協働して行った教育相談コーディネーターの立場からの column 8「高等学校におけるスクールカウンセラーとの連携といじめの早期発見・予防の活動」もあわせてご参照ください。

TRY 2 あなたの学校で行っているいじめ予防(未然防止・早期発見)をあげてみましょう!
● そのいじめ予防に SC,SSW 等の専門家スタッフに加わってもらった場合,どんなことができますか?

第3節 いじめ対応・支援における SC, SSW の活用

❶ いじめが起こったときの支援 —— 子ども支援

(1) 面接でいじめをキャッチ

　SC が行う面接の中では,児童生徒からいじめに関係する話題が出ることがあります。文部科学省は「平成 30 年度児童生徒の問題行動・不登校等生徒指導上の諸課題に関する調査結果について」の中で,いじめ発見のきっかけで最も多かったのは「アンケート調査」等の学校の取り組みで,次いで本人の訴え,学級担任等が続き,件数としては少ないですが SC が一定数のいじめを発見することも示されています(文部科学省,2019)。また,SC は児童生徒の不安な気持ちや,いじめまではいかないものの,それにつながる対人関係の情報をキャッチする可能性があります。面接の中で"いじめ"というワードが出た場合や,いじめに該当する行為だと予想される場合には,必ず学校と情報を共有できるような流れを SC と確認しておくことが必要です。そのためには,教職員や SC は,どのような行為がいじめに該当するのか定義をしっかり理解しておく必要があります。いじめ防止対策推進法(第 23 条 1 項)では,教員等,いじめに関する相談を受ける可能性が高い者に対し,学校への通報等,適切な措置を講じる義務を課しています。「いじめの事実があると思われるとき」という文言が明記されているため,疑いの段階でも学校内でしっかり情報共有できる体制を築いておくことが大切です。

また，ここで重要なことは，客観的な事実の聴き取りについては，必ず教員が実施するということです。SC は心のケアの専門家であり，子どもと面接をするときは子どもの主観的な世界を大切にしながら話を聴きます。つまり，SC は客観的ないじめの事実の聴き取りに重点を置いて話をしているのではないということです。また，客観的な事実の聴き取りと心のケアを行う者は別であることが重要であるという指摘もあります（山本・大谷・小関，2018）。よって，SC が面接の中で子どもから得た情報は，いじめの早期発見やその後の支援に活用し，客観的な事実確認は SC と連携をとりながら教員が実施していきましょう。SC と一緒に支援に取り組む際には，それぞれの役割を十分に理解し，適切な役割分担をしながら支援を行っていくことが重要です。

■誰にも言わないでほしいという子どもへの対応

　いじめの事案に対しては，「誰にも言わないでほしい」と言う児童生徒も多く，チームで対応する難しさを感じることがあるのではないでしょうか。特に SC は守秘義務の上で話を聞いているので，子どもに「誰にも言わないでほしい」と言われると悩んでしまう SC もいると思います。しかし，いじめに関する相談については，学校への通報等，適切な措置を講じる義務が教職員だけでなく SC にもあることを忘れてはなりません。

　まず，守秘義務については，学校は集団守秘義務という観点がありますので，児童生徒の対応に必要な情報は教職員や SC で共有することができます。筆者がよく使う方法は，児童生徒に対して，担任や他の教員にもこの話をしてよいかという許可を取って，一緒にいじめの問題に対応していく流れにしていくことです。児童生徒から許可が得られない場合は，SC が「私と一緒に先生にも話してみようよ」と声をかけ，児童生徒と教員，SC が一緒に話をする機会を設定することもあります。その流れにもっていくためには，SC から児童生徒に「先生に伝えるメリット」を話し，児童生徒が"先生に伝えてみよう"という気持ちになるよう支援することが重要です。また，この対応がうまくいくコツは，面接から時間を置いて対応するのではなく，「大事な話だから担任の先生に来てもらって一緒に話そう」と声をかけ，その場で児童生徒と教員をつなぐ動きをしておくことです。これは，教職員や養護教諭などが児童生徒からいじめについて相談された際にも，担任や必要な教職員と，さらには保護者とも協働していじめ支援を進める際に活用できる方法です。

　「いじめ防止対策推進法」および「いじめの防止等のための基本的な方針」は，いじめの疑いに関する情報を「学校いじめ対策組織」で共有すること，その情報への対応は教員個人ではなく組織で行うことを定めています。よって，児童生徒からいじめに関わる情報を聞いた場合には，適切に情報共有することが教職員，SC ともに必要です。

（2）いじめ事案のアセスメントと具体的支援

　いじめ事案には，被害児童生徒（以下，いじめを受けた子ども），加害児童生徒（以下，いじめを

行った子ども）が存在します。学校は，いじめを受けた子どもの対応・支援を最優先に行いますが，いじめを行った子どもに対しても，今後いじめをすることがないようきちんと指導・支援することが大切です。加えて，周囲の子どもの支援や，今後いじめが起こらない環境づくりを行うことも教職員として重要な対応です。SC は，前述したすべての児童生徒の対応に関わることができます。いじめを受けた子どもに対しては，心の傷つきに対するケアや自分を守るスキル獲得への支援，安心して過ごせる環境づくりの支援を教職員と一緒に行います。さらに，いじめを行った子どもに対しても，いじめが起こった背景を探り，それに応じた支援を行っていきます。

　いじめを受けた子どもといじめを行った子どもの支援の内容は異なりますが，流れは同様です。いじめが起きたら，学校は SC や SSW と一緒にいじめを受けた子どもといじめを行った子ども両方について「アセスメント」を行い，それに応じて「支援」を行います。いじめを受けた子ども，いじめを行った子ども，それぞれが SC と話ができる機会がもてるとよいでしょう。ただし，同じ SC がいじめを受けた子どもといじめを行った子ども両方に会うことに対して，子ども本人や保護者が抵抗感を感じる場合があります。そのようなときは，校内で役割分担を行うか，教育委員会へ相談し SC の派遣を要請する必要もあります。

実践 2 　いじめを受けた子どもへの「心のケア」×「スキル獲得」×「環境調整」支援

　いじめを受けた子どもの支援については，以下の 3 つのポイントを意識して行うことで，子どもが安心・安全な学校生活を送ることを助けます。また，文部科学省は平成 29（2017）年に「いじめ防止等のための基本的な方針」を改定し，「いじめが解消されている状態」については，「いじめ行為が止んでいる状態が 3 カ月以上継続」，「被害者が心身の苦痛を受けていない」という 2 つの条件を示しています。いじめを受けた子どもについては，一時的な支援に終わらず，継続的に支援していくことが求められています。

ポイント 1 　心のケア

　いじめを受けた子どもに対しては，SC と協力しながら最優先に支援を行います。SC は，心の専門家であり，心が傷つき不安定になっている子どもへの関わり方については専門的に学んでいますので，必ず SC と連携を取りましょう。いじめを受けた子どもの支援で最も大切なポイントは，いじめを受けた子どもの主観を大切にしながら支援をしていくことです。いじめを受けた子どもに人間関係の難しさなどがあったとしても，それを取り上げて指導するようなことはこの時点ではしないことが重要です。まずは，少しでも心が和らぎ，安心・安全な通常の生活を取り戻せるように支援していきます。SC は，感情を言葉で表現しにくい場合や，低年齢で言葉が未熟な子どもに対しては，プレイセラピーといった遊びを用いた心理的な関わりを通して心を癒していくこともあります。

　いじめを受けた子どもの中には，いじめを行った相手に会いたくないので教室に入れない，学校に

行きたくないということで不登校につながるケースもあります。また，今回のいじめ事案だけでなく今までにも心の傷つきを経験している子どももいます。いじめを受けた子どもの支援については，心の問題の深刻さによって，医療機関や外部の相談機関と連携して支援する必要もあります。継続的な心のケアを念頭におき，丁寧に支援していくことが重要です。

ポイント2 いじめから自分を守るスキル

学校が子どもをいじめから守ることに加え，子ども自身が自分で自分を守るスキルを獲得することはいじめの再発防止に大切なことです。面接の中で日常生活の振り返りをしながら，不安なことや心配なことを確認し，それに対する対処を一緒に考えたり，周囲のサポートを使えるように支援したりしていきます。本人が対人関係の中でうまくできた対処や適切に SOS が出せたときは，できていることを意識化し，また次も使えるように支持します。また，面接に来ること自体が SOS を出せる場なので，定期的な面接がいじめから子どもを守ることにつながります。

ポイント3 いじめから子どもを守る環境づくり

子どもと SC が面接した後は，必ず学校の教職員と情報交換を行います。SC は心のケアだけでなく，いじめを受けた児童生徒の状況を常にアセスメントしています。面接の中で「本人の心身の状態」や「いじめを行った児童生徒との関わりやクラスの状況」，「本人の不安」等を聞き，いじめを受けた子どもにどのような支援が必要か常に考えています。また，「先生たちに何かお願いしておくことはない？」と SC が聞いておき，その内容を担任や関係する教職員に伝え，いじめを受けた子どもに必要な具体的な対応につなげます。いじめの起こらない環境づくりを教職員と一緒に考えることも SC の大切な役割です。

実践3 「ふりかえり TIME」を使った，他者を攻撃してしまう子どもに対する支援

他者を攻撃してしまう子どもとの関わりを単発で行うことはあまり効果がなく，週に1回など定期的に「ふりかえり TIME」をもつことが重要です。他者を攻撃してしまう子どもは，自分の行動が適切か不適切か判断するのが難しいため，一緒に「ふりかえり TIME」をもつことで思いや行動を意識化できるようにします。不適切な行動に対しては適切な行動（実現可能な具体的な行動）を一緒に考え，すでにできている適切な行動はまた使えるように，「○○するのは良い行動だったね！」と花丸を描くなどして支持します。ときに，相手に攻撃してしまう可能性のある場面で"先生に言う"や"その場から去る"という行為を無意識にできていることもあるので，丁寧に日常生活の振り返りを行い，できている適切な行動を意識化します。

また，「ふりかえり TIME」を行う SC や教職員だけでなく，その他の教職員の協力を得ることも重要です。教職員の支援の方向性が異なると，「ふりかえり TIME」の効果も薄れてしまいます。よっ

て，この方法を行う際には，必ず子どもに関わる教職員で共通理解を図っておく必要があります。以下は，「ふりかえり TIME」の３つのポイントです。この方法は，いじめを行った子どもだけではなく，いじめ事案までいかなくても他者を攻撃しがちな児童生徒の支援としても有効です。SC の協力を得ながら，教員が実施してみるのもよいのではないでしょうか。

ポイント１　物事の捉え方に注目！

　いじめを行った子どもの中には，他者を攻撃してしまうといった特徴をもった児童生徒が見受けられます。攻撃的な発言や行動に出やすい児童生徒の背景としては，衝動性の高さや独特な認知（物事の捉え方），暴言・暴力への親和性など，様々な要因が考えられます。学校現場では，感情コントロールの方法として，教職員からアンガーマネジメントを実施してほしいと SC が依頼を受けることがあります。学校現場でのアンガーマネジメントの理解は「怒りを感じたら６数える」など，怒りの衝動性の対処といった印象が強いようですが，それだけではうまくいかないことが多いです。他者を攻撃してしまう子どもの中には，怒りの衝動性の対処の難しさの前段階として，物事に対して独特な認知の仕方をしていることがあるため，そこを大切にしながら支援を進めていきます。

　また，『キレやすい子へのアンガーマネジメント』（本田，2010）という書籍の中の「怒りのログ」という行動パターンの理解につながるツールも，このような子どもの支援に役立ちます。

■「ふりかえりシート」の活用

　具体的な支援方法としては「ふりかえりシート」（図 7-1）が役立ちます。以下の①〜④のステップに沿って，他者を攻撃してしまう子どもと一緒に取り組んでみましょう。取り組む前に，「今回，起こってしまったことは相手もあなたも傷つく結果になったよね。今後は，相手も自分も傷つかず，嫌な思いをしないためにどうしていったらよいか，一緒に考えたい」といった，"あなたの思いを理解したい"，"あなたの役に立ちたい"，"あなたにもメリットがある"というメッセージを伝えることが大切です。

　①**起こったできごと（よく見て，よく考えよう）**　子どもが他者を傷つけてしまったときの状況と自分の行動や発言について，子どもと一緒に思い出しそのできごとについてもう一度よく見てよく考えてみるように促します。子ども自身にできごとの絵を描いてもらうことで，「ふりかえりシート」への意識が高まります。

　②**そのときの考え・気持ち**　そのできごとが起こって自分が相手に攻撃したとき，「あなたはどんなこと考えていた？」「どんな気持ちだったかな？」と聞いてみましょう。ここでは，素直な気持ちを答えてもらうことが重要です。気持ちや考えと行動のつながりを理解してもらうことで，今後の適

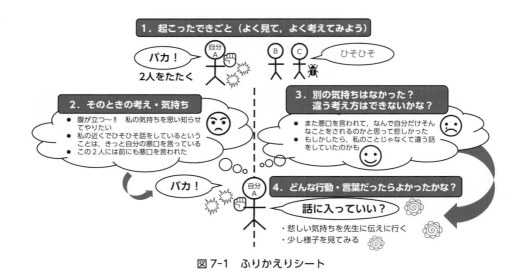

図 7-1 ふりかえりシート

切な行動につなげることができます。

③別の気持ちはなかったかな？　違う考え方はできないかな？　攻撃をしてしまった状況を振り返り，今だったらどう考えられるかなど，違った視点で物事を見てみるよう促します。落ち着いた状況であれば，違う捉え方ができる子もいます。なかなか別の見方や捉え方をするのが難しい子どもに対しては，こちらのほうから「○○のような気持ちはなかった？」と例えを出してみたり，「○○な考え方はできないかな？」と違った視点を提供したりするのも効果的です。

④どんな行動・言葉だったらよかったかな？　ステップ③で，別の気持ちや違う考えを確認できたら，次に同じような出来事が起こったときにはどのような行動や言葉にすればよいかを子どもと一緒に考えていきます。ここで大切なのは，子どもから今後の行動や言葉を出してもらうことです。ここまでの①〜③のステップを踏んでいると，子どもたちからナイスアイデアが浮かんできます。今後の適切な行動や言葉が出てくるたびに花丸をつけ，「いいね〜」と子どもの意識を高めるような言葉かけをすることが重要です。

ポイント2　状況と気持ちの意識化！　見える化！

前述したように，状況が適切に捉えられない子どもは，人の気持ちや考えも読み取ることが苦手です。よって，人の気持ちや考えを理解する練習もしていきます。状況の理解や人の気持ちの読み取りが苦手な子どもに対しては，子どもと一緒にイラストを描きながらやりとりしていくことが有効です（図 7-2）。これについては，「コミック会話」の手法が役立ちます。コミック会話とは，コミュニケーションを明確にし，人がどう思っているかに注目することにより，子どもがぶつかる問題解決に役立てることができる方法です（グレイ，2005）。「バカ！」など不適切な発言をしてしまった子ど

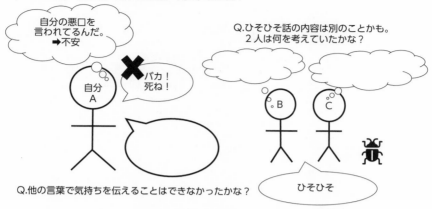

図7-2　イラストを用いたコミュニケーションの練習

もについては，その発言のほうについつい気を取られてしまいます。しかし，そのような発言をした
ときの気持ちを聞いてみると“自分の悪口を言われているんだ”という思いをもっていることもあり
ます。そのような気持ちが自分にあることが理解できると，不安でそのような発言をしてしまったと
いう捉え方を認識することができます。そうすると，不安な場合は「バカ！」という発言じゃなくて，
別の方法で気持ちを伝える言葉がなかったか探すことができます。また，全体的な状況を再度よく見
直し，ひそひそ話をしていた相手の考えや気持ちを考えてみることも，適切な行動を選ぶ手がかりと
なります。

ポイント3　自己理解やストレス対処の力を身につける！

　前述したような特徴をもっている子どもは，対人関係を中心とした学校生活もうまくいっていない
ことが多いです。自分の気持ちやストレス度合いも正しく理解できていないので，対人関係がうまく
いかない「不安」を「怒り」として表出していることも多くあります。よって，SC と一緒に自己理
解やストレス対処に一緒に取り組んでいくことも重要です。

　今の気持ちは何点？　　自分の気持ちを言葉に表すことが苦手な子どもには，図 7-3 のように自分
の気持ちを 0 〜 10 点で点数化する方法をおすすめします。子どもの気持ちの状態に合わせて，0 点
を「気分の落ち込み」や「元気がない」などマイナスな状態に設定し，10 に近づくにつれてプラス
の状態になるという説明をします。そして「今の気持ちはどのへんかな？」と聞き，丸をつけてもら
います。トラブルが起きたときの点数を一緒に確認しておくことで，マイナスの気持ちが強いときに
トラブルが起こることを確認し，対処を考えることもできます。また，前に実施したときと比べて点
数が上がっていたのなら，どのようなことがあって気持ちが変化したのか確認しておくことも有効で
す。子どもの気持ちをプラスに変えること（もの）が何なのかを子ども自身や周囲の大人が知ってお

今の気持ちは何点？

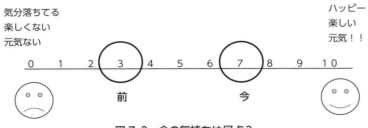

図 7-3　今の気持ちは何点？

頭や心に何がある？

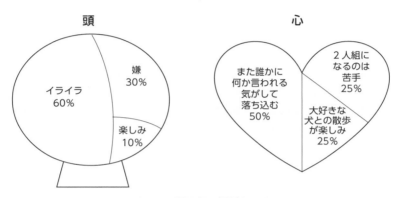

図 7-4　頭や心に何がある？

くことで，子どもの気持ちの対処を助けることができます。

　頭や心に何がある？　子どもとの面接では，話を聴こうとしても「別に」「普通」「わかんない」とそっけない答えが返ってくることも少なくありません。そのような場合には，自分の心や頭の中に何があるか問いかけ，頭や心の中を見える化する方法を使います。子どもによって，気持ちをイメージするのに「頭」という言葉を使ったほうがよいのか「心」という言葉を使ったほうがよいのかが違うので，図 7-4 のどちらのイラストが効果的なのか子どもに確認しながらやりとりしていきます。「今，頭（心）の中には何があるかな？」と問いかけ，全体を 100 ％とするとそのうちどのくらいその考えや思いが占めているか尋ねます。この方法を使うと，驚くくらい子どもたちは自分の中にあるものを表現してくれます。このやりとりは，SC や教員が子どもの中にある考えや思いを理解することを助けることに加え，子ども自身が自分の気持ちを知る手助けになります。

TRY 3　いじめ対応・支援にあたるとき，SC や SSW と協働してどんなことができますか？
　●いじめを受けた子ども，いじめを行った子どもそれぞれについて考えてみましょう！

② いじめが起こったときの支援——保護者支援

　SC は，いじめを受けた子ども，いじめを行った子どもの保護者どちらの支援も行います。しかし，子どもへの支援と同様，いじめを受けた子どもの保護者が，同じ SC が両方の保護者に会うことに不安を感じる場合もあります。保護者面接を行う場合には，教職員と SC で役割分担の検討を行い，協力して支援にあたることが重要です。

（1）いじめを受けた子どもの保護者への支援

　いじめを受けた子どもの保護者は，子どもの傷つきへの心配や不安だけでなく，いじめを行った子どもや保護者への複雑な思いや，いじめが起こってしまった学校への不信感など様々な感情をもっています。再びいじめが起こるのではないかという不安が，学校への様々な要望として現れることもあります。このような感情をもつ保護者への対応について，SC の協力を得ながら進めることが大切です。SC は保護者の面接を担当し，心のケアをしていきます。また，保護者が言葉にできない思いを教職員に伝える代弁者としての役割を担うこともあります。さらに，SC は，保護者の置かれている状況や気持ちをアセスメントし教職員に伝えることで，学校としてどのように保護者に接していくのが適切かを一緒に考えていくこともできます。

（2）いじめを行った子どもの保護者への支援

　いじめを行った子どもの保護者に対しては，子どもの行動がいじめという行為に該当することを理解してもらい，今後同じようなことが起こらないようにするためにどうするかを一緒に考えていきます。保護者から，成育歴や友人関係，学習状況といった本人の特徴についての情報を教えてもらい，子どもについてアセスメントを行います。それに対し，本人にはどのような力をつけさせるとよいのか，周囲の大人がどのような行動をとっていくとよいのかなどを，保護者と学校で一緒に考えていくことが必要です。保護者の中には「きつく言い聞かせます」などの発言に見られるように，子どもに効果が少ない対応を一生懸命されている場合もあります。そのようなときは，どんな対応や声掛けが子どもにとって効果的か，保護者と一緒に考える方向へ話をしていきます。いじめを行った子どもの保護者の困り感は，いじめ事案だけでない場合が多いです。子どもの行動上の問題で，保護者も困っている場合も少なくありません。今後のいじめ予防を考えると，保護者面接はある程度の期間，定期的に SC や教職員が行っていくことが必要です。

③ その他の子どもへの支援

　いじめを受けた子ども，いじめを行った子どもへの支援のほかに，その他の子どもへの支援も必要です。いじめが起こったことを聞き不安に感じている子ども，助けられなかったという気持ちをもっ

ている子ども，なんだかわからないけどソワソワしている子どもがいるかもしれません。「傍観者」という言葉がよく使われますが，多くの子どもがいじめを容認しているわけではなく，結果的に傍観してしまうことになったと筆者は考えています。決して，「何もできなかった君たちも加害者である」というようなメッセージを送ることがないようサポートしていきましょう。

　教室の中でクラスメートがいじめにあっている事実を知ったとき，子どもにとっては通常では起こらない事象が起こったわけですから，**緊急支援**の観点で支援すると動きやすいと思います。子どもたち自身が大きな出来事が起こった際の心の動揺を理解し，安心・安全な通常の生活を送るためにはどのような対処ができるかといった心理教育を SC に実施してもらうことも有効です。また，いじめの起こらないクラスをつくるためにはどうしたらよいか，感情コントロールやストレス対処，対人関係スキルの獲得，SOS の出し方・受け止め方教育など，SC と協働してクラスに合った心理教育を考えていくとよいでしょう。

④ 外部機関との連携

　いじめを受けた子ども，いじめを行った子ども，どちらに対しても，外部機関と連携しながら支援していくことが必要な場合があります。いじめを受けた子どもについては，校内の支援のみでは心身の回復が難しいケースもあります。そんなとき，いじめを受けた子どもやその保護者と SC の面接を設定し，医療受診や外部機関の支援が必要かどうかの見立てをしてもらうことをおすすめします。また，外部機関との連携については，SSW に入ってもらうとスムーズでしょう。SSW は，社会福祉の専門家であり，地域の相談機関や支援機関といった資源の情報を豊富にもっています。また，SSW は支援機関に直接出向き連携することもできます。SC と SSW の専門性をうまく活用し，いじめを受けた子どもを必要な支援が受けられる機関へつなぎ，子どもが安心して生活できるようサポートする体制を築くことが大切です。

　いじめを行った子どもへの支援についても，外部機関と連携しながら進めることが必要です。いじめを行った子どもの中には，発達の課題があるケースやストレス対処が適切でなかったり，家庭環境の要因など様々な背景が影響していたりするケースもあります。SC は発達や心理面のアセスメントと支援，SSW は子どもの家庭的な背景（DV，虐待，経済的な問題等）をアセスメントし支援するという専門性をもっています。いじめを行った子どもがどのような特徴をもち，どのような家庭的な背景を抱え，どのような状況でいじめが起きたのか，SC や SSW と一緒にアセスメントを行い，必要な外部機関と連携を取りながら支援していきましょう（SSW の実践については column 9，スクールロイヤーとの連携については column 6 参照）。

● いじめ対策（予防・対応）を SC，SSW といった専門家スタッフと協働して行うメリットは何ですか？
● それを他の教職員に伝える場合，どのように説明すると効果的ですか？

おわりに

　筆者も現場のスクールカウンセラーとして，いじめに関する対応がすべてうまくいっているかといったらそうではありません。むしろ，法律に沿ったいじめ対応の難しさを，現場の先生と一緒に日々感じています。そうした中，いじめ防止対策推進法に SC や SSW といった心理や福祉の専門家の活用が明記されたことから，より一層，学校のいじめ対策に関与していくことが求められています。よって，学校の専門スタッフの一員である SC や SSW はいじめ対策に関する研修等に積極的に参加し，心理・福祉の専門家としていじめ対策への参画に備えておく必要があります。また，手探りの日々の実践がいじめ対策の有効な方法となっていきます。学校と学校内の専門スタッフ（SC，SSW等）双方のスキルアップにより，教職員，SC，SSW が協働したいじめ支援の一歩になることを願っています。

資料：心理教育の指導案とワークシート

ダウンロード
ファイル
あり

「自分と他者を大切にする方法　〜リフレーミングの魔法〜」授業案

〈目的〉

　新しい仲間との出会いのきっかけづくりとともに，自分と他者を大切にする方法（リフレーミング等）を習得し，生徒たちが今後の学校生活に適応できるようにする。

〈準備する物〉

□担任用シート（リフレーミングの魔法）※模造紙で作成

□個人用ワークシート（リラクゼーション，リフレーミングの魔法，リフレーミング辞典［國分・國分，2004］）

□グループ用ワークシート（リフレーミングの魔法）　□筆記用具（生徒が準備）

〈授業の流れ〉

```
導入                    リフレーミングの魔法         まとめ
アイスブレーキング
```

〈授業の展開〉

	活動の流れ	準備・留意点等
導入	**1．はじめに** **■スクールカウンセラー（授業講師）の自己紹介** （来校日，カウンセリングとは，相談方法などを伝える） **■リラクゼーション（漸進性筋弛緩法）** 　教員に見本になってもらい，講師の指示に従ってリラクゼーションを体験する。 **■本日の授業についての「目的」と「2つの約束」を確認** 〈目的〉新しい仲間との出会いのきっかけづくりと自分と他者を大切にする方法（リフレーミング）を習得し，今後の学校生活への適応に活かす。 〈2つの約束〉 ①相手を傷つけるような言葉や態度をとらない。②周りの迷惑になる行動はとらない。 **2．アイスブレーキング** 　ゲーム感覚で取り組める自己紹介を実施。 **ポイント**🖊　入学式直後の自己紹介のテーマは，「好きな食べ物」「好きな色」など，誰もが答えやすいテーマで取り組むことが重要。	【担任】4〜6人のグループになれるよう座席を考えておく。 【教員1名】生徒の前でリラクゼーションのモデルをしてもらう。
	3．エクササイズ「リフレーミングの魔法」 **①リフレーミングの説明** ・「リフレーミング」とは物事の見方・視点を変えることである。 ・ポジティブシンキングは，どんな出来事も前向きにとらえよう	

展開	とするもので，適切でないときもある。 ・リフレーミングは頭を柔らかくし，ひとつのことを多様な視点で見る姿勢をもつことで，感じ方や気持ち，行動も変えることができる。 「では，先生の気持ちや体，行動がプラスになるように，リフレーミングしてみましょう」 **②エクササイズの方法を説明** 「これから担任の先生が悩みを3つ言われますので，自分の担任の先生の悩みを紙に書いてください。その悩みをみなさんにリフレーミングしてもらい，先生が見方を変えて悩みを見られるようになり，気持ちが少しでも軽くなるようにしてあげてください」 **③担任が前に出て，それぞれ自分の悩みを3つ挙げる。** 「それぞれのクラスの担任にインタビュー形式で悩みを聞いていきますので，エピソードを交えながらお話しください」 **④個人でリフレーミングしてみる（5分）** ・リフレーミング辞典を使いながら，個人作業。 **⑤グループでリフレーミングしてみる（5分）** ・個人作業で書いたワークシートを活用し，どんなリフレーミングができるかグループで話し合い，グループ用ワークシートに書き込む。 **⑥各クラスで1グループに発表してもらう** ・各グループの発表のたびに拍手をするよう促し，最後にみんなでみんなに拍手をする。 **⑦生徒にリフレーミングしてもらった感想を各担任から発表** ・リフレーミングしてもらってどう感じたかなどの感想を担任から生徒に伝えてもらう。	【担任】事前に準備した，悩みを書いたリフレーミングシート（模造紙）を持って生徒の前に出る。 【教員】 生徒の様子を見ながら声掛けを行う。 ※なかなかアイデアが出ないグループには教員がそっと入り，「リフレーミング辞典を見てみたら？」といった声かけや，個人作業で書いている内容を見て「このリフレーミングでいいんじゃない」などの促しを行うとよい。
まとめ	**4．まとめ** ・リフレーミングを活用することで，悩みのとらえ方が変わり，いろいろな角度から悩みを考えることができる。 ・悩みのとらえ方の幅が広がると，自分の気持ちや体の状態，行動も変わっていく。また，その変化により，かかわる相手との関係も変わっていく。 ・本日の授業「リフレーミングの魔法」などを活かし，自分も相手も大切にした人間関係をつくってみることを提案し，終了。	

※サポートが必要な生徒については，教員とSCで事前に情報共有しておき，配慮についての確認をしておきましょう。

参考：バンドラー＆グリンダー(著)，吉本武史・越川弘吉(訳)(1988)．リフレーミング──心理的枠組の変換をもたらすもの　星和書店
國分康孝・國分久子（総編集）(2004)．構成的グループエンカウンター事典　図書文化社

～リフレーミングの魔法～

年　　　組　　私の担任は　　　　　　　　先生です。

先生の悩みをリフレーミングしてみましょう!!　いくつ思いつくかな？

悩み	☆リフレーミング☆
①私の悩みは, 　　　　　　　　です。	しかし，見方を変えれば，それは, 　　　　　　ということですね。
②私の悩みは, 　　　　　　　　です。	しかし，見方を変えれば，それは, 　　　　　　ということですね。
③私の悩みは, 　　　　　　　　です。	しかし，見方を変えれば，それは, 　　　　　　ということですね。

高等学校におけるスクールカウンセラーとの連携と いじめの早期発見・予防の活動

小林 秀子　鳥取県立倉吉東高等学校 教諭

　筆者の勤務校は，大学進学を目指す生徒が多数の全日制普通科高校です。生徒たちは学業や部活動に熱心に取り組み，集団生活における問題行動はほとんどありませんが，仲間づくりに不安を感じたり，クラスの雰囲気になじめなかったりするなど，他者とのコミュニケーションに苦手意識をもっている生徒の割合が高いように感じます。地域性から考えると，慣れ親しんだ小規模の中学校から見知らぬ人ばかりの高校へ進学し，新たな仲間づくりに不安を感じているのではないかと思われます。よって，悩んだときに周りに相談もできず，対処方法もわからないといった状況に陥る可能性があるといえます。

◆**新 1 年生向けの心理教育**

　そういった生徒たちの実態を踏まえ，入学直後に新 1 年生を対象にロングホームルームを 1 時間（60 分間）実施しています。今年度を含め過去 3 年間は，スクールカウンセラー（以下，SC）に講師を依頼し，**「自分と他者を大切にする方法〜リフレーミングの魔法〜」**というテーマで心理教育の授業を行っています（第 7 章，p.114 参照）。リフレーミングとは「出来事は見方によって意味が変わる」という考え方のことです。頭を柔らかくし，ひとつのことを多様な視点で見る姿勢をもつことによって，感じ方や気持ちや行動を変えることにつながっていきます。「担任の先生の悩みをリフレーミング」という活動の中で，SC からリフレーミングの方法や効果を伝授してもらい，実際に担任の悩みをグループでリフレーミングします。生徒たちはいきいきとした表情で活動し，一気に会場の雰囲気が盛り上がります。この授業は，担任やクラスの仲間との距離を縮めるきっかけにもなります。

◆**hyper-QU とストレスチェックの活用**

　そのほかに，毎年 6 月と 11 月に hyper-QU（図書文化社）を 1・2 年生対象に実施しています。これは本県全体の取り組みの一環ですが，本校では独自に**「ストレスチェック」**も同時に実施し，生徒の「こころ」の状態も把握するようにしています。夏季・冬季休業中には，教職員による検査結果の検討会を開催し，SC にも参加してもらい対応策を検討しています。この会で名前の挙がる生徒たちは，定期的に実施している**「いじめアンケート」**に何かしらの記載をしている傾向があるので，この 2 つの検査結果をいじめのスクリーニングにも活用しています。また，検査実施直後に相談室で検査結果を集計し，その集計表を各クラスの担任に渡しています。被侵害得点やストレス値の高い生徒については，担任や教育相談担当から声を掛け面談を行いますが，睡眠や食事が取れず，身体症状を訴える生徒については，SC のカウンセリングにつないでいます。本校の相談室はいつも予約でいっぱいですが，一方で，頻繁に教員や SC と面談する生徒たちの姿を見ていると，**「相談する力」**が身についてきていると感じます。

　このように，本校では様々な場面で SC の専門的見地からの助言を受け，生徒たちのサインをキャッチし支援につなげる体制を取っています。この活動の継続が，いじめの早期発見・予防につながると考えています。

いじめ問題における
スクールソーシャルワーカー活用の可能性

岡安 朋子　東京工業大学 特任専門員／神奈川県スクールソーシャルワーカー

◆ **スクールソーシャルワーカーとは**

　学校では暴力行為，不登校，いじめの発生など，依然として深刻な状態が続いています（文部科学省，2019）。このような児童生徒の課題の背景に，家庭，友人，地域，学校などの環境の要因が複雑に絡み合っていることがあり，家庭への支援の重要性がこれまで以上に認識されるようになりました。そのような流れを受けて，文部科学省は，平成 20（2008）年度より SSW 活用事業を始動しました（文部科学省，2009）。日本で，**スクールソーシャルワーカー**（以下，SSW）が本格的に活動し始めたのは 2008 年であり，「SSW 元年」ともいわれています。つまり，SSW が日本の教育現場に登場したのは，10 数年前ということになります。

　SSW は，教育の分野に加えて社会福祉の専門知識やスキルがあり，問題を抱えた児童生徒に対し，児童生徒と児童生徒の置かれた環境への働きかけ，関係機関とのネットワーク構築などの方法により，問題解決に導きます（神奈川県教育委員会教育局，2011）。そして，SSW の職務には，次のものがあります。①問題を抱える児童生徒と児童生徒が置かれた環境への働きかけ，②関係機関等とのネットワークの構築，連携・調整，③学校内におけるチーム体制の構築，支援，④保護者，教職員等に対する支援・相談・情報提供，⑤教職員等への研修活動等です。①の児童生徒が抱える問題にはいじめ，暴力行為，不登校，虐待などが含まれます（文部科学省，2009）。

◆ **スクールソーシャルワーカーの配置形態**

　SSW は米国では歴史も長く，学区ごとに配置されています。日本では，地域の特性や自治体の状況に応じて，次のようにいくつかの配置形態が見られます。①**派遣型**（教育委員会等に配置し，学校からの要請に応じて SSW を派遣する方式），②**巡回型**（教育委員会等に配置し，定期的に SSW がいくつかの学校を訪問する方式），③**単独校配置型**（ひとつの学校に SSW を配置する方式），④**拠点校配置型**（SSW を拠点校に配置し，SSW がいくつかの学校を巡回する方式）です（米川，2010；高石，2018 など）。

　このようにいくつかの配置パターンがあるため，SSW が学校での配置型でない場合にはあまり SSW の存在がわからないという声が聞かれます。例えば，派遣型に関しては，管理職が教育委員会に SSW の派遣依頼をして，SSW が学校を訪問し，管理職にコンサルテーションをするというケースがあります。そのため，直接，学校の先生や児童生徒や保護者に会わない場合があります。今後，配置型の SSW が増えていくことで，SSW が学校や SC 等と互いにより“顔の見える”連携が図れるようになると考えます。

◆ **スクールソーシャルワーカーの活用事例**

　次に，SSW の具体的な活用事例です。ここでは，派遣型 SSW のケースについて紹介します。なお，事例概要が伝わる範囲で個人が特定できないように改変しています。

　小学 4 年生の A さん（いじめの被害者）は，同じクラスに在籍する B さん（いじめの加害者）のちょっか

いや暴言に困っていました。AさんはやめてほしいとBさんに伝えられず，低学年のときからこのことがずっと続いていました。Aさんは我慢ができなくなり，お腹が痛いと言って，朝，登校を渋るようになりました。そして，このことをお母さんに話しました。Aさんのお母さんは動揺して，すぐに学校に話しました。学校は，Aさんからの聞き取り，Bさんからの聞き取りを行いましたが，Aさんは「Bさんの顔も見たくない，Bさんからの謝罪は受けたくない，学校へ行くのが嫌だ」と言って，学校を休みがちになりました。そこで，学校は，今後の支援について教育委員会にいる派遣型SSWに相談依頼をしました。

SSWは教育委員会の指導主事とともに学校を訪問しました。まず，管理職や担任，両児童に関わる教員に，Aさん，Bさんの状況を聞いて，学校とともに各児童について情報整理をし，アセスメントを行い，目標および支援計画を立て，校内の支援体制を作りました。その後の支援ですが，Aさんに関しては，学校復帰を目標にしました。担任を中心として，養護教諭やコーディネーターが毎日のように順番に家庭訪問をし，担任は放課後，学校で学習支援を行いました。また，AさんとAさんのお母さんは気持ちが落ち着かないということなので，学校からAさんとお母さんを教育センターのカウンセラーにつなぐことを勧めました。次に，Bさんの支援です。Bさんは加害者ではありましたが，情報を整理していくと，Bさんのお父さんはBさんにとても厳しいしつけをしており，家庭内ではBさんは"被害者"であることがわかりました。そのため，学校から児童相談所へ相談し，Bさんの家庭には児童相談所へ相談に行ってもらいました。この後もSSWは各ケースの進捗状況を学校とともに確認していきました。

これはケースの概略ですが，このようにSSWはAさん，Bさんだけではなく，その環境である家庭なども視野に入れた支援を間接的に行い，Aさん，Bさんは学校による支援，外部機関の活用につながりました。そして，いじめの被害者であるAさんだけでなく，Bさんも支援が必要であるという視点で支援が行われます。しかし，実際にはスムーズに支援につながらないケースが多いのが現状です。その場合は，誰がどのように，どのような支援につなぐかなどを検討するため，支援者が集まり，ケース会議等で協議することが有効な手段であると考えられます。

このように，SSWはいじめの課題においても活用されています。派遣型の場合は，児童生徒や保護者に会わない場合もありますが，学校と情報整理，アセスメント，プランニングを行い，校内での役割分担，外部機関のネットワークの構築などのサポートを行うことができます。

【引用文献】

神奈川県教育委員会教育局（2011）．スクールソーシャルワーカー活用ガイドライン──スクールソーシャルワークの視点に立った支援の構築に向けて

文部科学省（2009）．スクールソーシャルワーカー活用事業　https://www.mext.go.jp/b_menu/shingi/chousa/shotou/046/shiryo/attach/1376332.htm

文部科学省（2019）．平成30年度児童生徒の問題行動・不登校等生徒指導上の諸課題に関する調査　https://www.mext.go.jp/b_menu/houdou/31/10/1422020.htm

高石啓人（2018）．スクールソーシャルワーカー法制化をめぐる課題と展望　https://www.waseda.jp/flas/glas/assets/uploads/2018/03/Vol63_TAKAISHI-Akito_0091-0108.pdf　（2020年12月16日閲覧）

米川和雄（2010）．ソーシャルワークの価値とスクールソーシャルワーカーの意義　米川和雄（編著）　スクールソーシャルワーク実習・演習テキスト　北大路書房

第8章

保護者へのアプローチ
信頼・協力関係を築く

杉本 希映

2013年に制定されたいじめ防止対策推進法を知っている人は多いと思います。では，その中に書かれている「保護者の責務」について知っている人は，どのくらいいるでしょうか。そして，これらの責務を守るために，実際にはどうすればよいのか理解している保護者はどのくらいいるでしょうか。さらには，保護者との連携や協力が重要ということは理解していても，具体的な方法論を持っている学校はどのくらいあるでしょうか。本章では，いじめ予防において保護者と連携していくためのスキルアップを目指します。具体的には，以下の3つです。

本章を読んで ここを スキル アップ！	1．保護者との信頼・協力関係を築くための基礎知識を理解する
	2．保護者向けいじめ予防プログラムを実施できる
	3．保護者との関係構築のためのコミュニケーションスキルが獲得できる

第1節 保護者との信頼・協力関係を築くための基礎知識

1 いじめ防止における「保護者の責務」

まず，**いじめ防止対策推進法**における「保護者の責務」について，確認していきましょう。いじめ防止対策推進法の第9条に「保護者の責務等」が主に3つ書かれています（図8-1）。第一に，「規範意識を養うための指導その他の必要な指導を行うよう努める」。つまり，子どもを加害者や観衆，傍観者にしないために家庭でも規範意識を養ってください，ということです。第二に，「いじめを受けた場合には，適切に当該児童等をいじめから保護する」。つまり，子どもがいじめの被害者になってしまった場合には，しっかりと子どもを守ってくださいということです。第三に，「学校が講ずるいじめの防止等のための措置に協力するよう努める」。つまり，いじめの予防のために，あるいはいじめが起きたときには，保護者は学校に協力してくださいということです。

当たり前と言われれば，当たり前のことかもしれません。では，教員として，このことを保護者に知ってもらい，そして具体的に家庭では「こうしてくださいね」，「こういうことが大切ですよ」と伝えられますか？ また，難しいケースでも保護者と連携していくためのスキルを持っているでしょうか？ 本章では，この2点についてのスキルの獲得を目指します。

「いじめ防止対策推進法」における保護者の責務

いじめ防止対策推進法	保護者の責務
第9条 規範意識を養うための指導その他の必要な指導を行うよう努める	加害の子・観衆・傍観する子にしないために
2 いじめを受けた場合には，適切に当該児童等をいじめから保護する	被害にあったときに
3 学校が講ずるいじめの防止等のための措置に協力するよう努める	いじめ予防あるいはいじめが起きたときの連携

図8-1 「いじめ防止対策推進法」における保護者の責務

② いじめについての保護者の認識

　ここでは，筆者が2019年に実施した小・中学生の保護者対象（208名）の調査（杉本，2019）を紹介しながら，保護者がいじめに対してどのような認識を持っているかを見ていきます。

　まず，自分の子どもがいじめの当事者になる不安をどの程度持っているかについてです（図8-2）。被害者になる不安を持っている保護者は約8割と多く，加害者になる不安と差があるのがわかります。「うちの子はいじめられるかもしれない，でもうちの子に限っていじめはしない」と思っている保護者が少なからずいるということです。しかし，現実は，誰もがいじめの加害者にも被害者にもなりえます。いじめが起こってしまったときに，自分の子が加害者であることを認められない保護者との対応は，非常に難しくなります。ですので，いじめる側にもいじめられる側にもなりえるということをあらかじめ保護者に知っておいてもらうことは，とても重要となります。

　次に，いじめ防止対策推進法についてです。いじめ防止対策推進法については約8割，その中の保護者の責務については約9割の保護者が「全く知らない・あまり知らない」と答えています。そして，自分の子どもの学校の「いじめ防止基本方針」については86.1％が「全く知らない・あまり知らない」と答えています。国や学校の方針は，ほとんどの保護者には届いていないのが現状なのです。保護者がいじめ問題については蚊帳の外にいることがよくわかります。被害・加害・観衆・傍観のいじめの4層構造は有名です。しかし，いじめは，さらに子どもたちを取り巻く教員や保護者も含めた大人が子どもにどう関わるかも関係しています（図8-3）。このことも，しっかりと保護者に伝えていきたい点です。

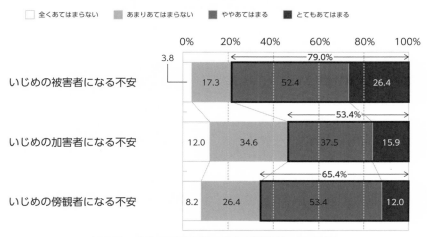

自分の子どもがいじめの当事者になる不安は，どの程度ありますか？

□ 全くあてはまらない　▨ あまりあてはまらない　▨ ややあてはまる　■ とてもあてはまる

図 8-2　自分の子どもがいじめの当事者になる不安

図 8-3　大人も含めたいじめの構造

③ いじめ予防について保護者が知りたいこと，保護者に知っておいてもらいたいこと

　ここでも，2019 年に筆者が実施した保護者（208 名），教員（66 名），スクールカウンセラー（131 名）対象の調査（杉本，2019）を紹介します。保護者には「いじめ予防において保護者として知っておきたいこと」を，教員とスクールカウンセラーには「いじめ予防において保護者に知っておいてほしいこと」をそれぞれ自由記述で聞きました。結果をまとめてみると，興味深い違いがわかりました（図 8-4）。

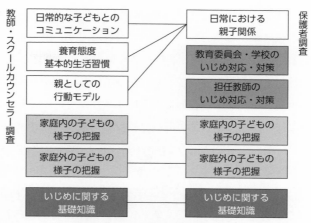

図 8-4　いじめ予防のために必要な保護者の知識（杉本，2019）

　いじめの定義やメカニズム，相談方法など「いじめに関する基礎知識」は，双方から挙げられました。子どもの友人関係・学校生活の把握など「家庭内外の子どもの様子の把握」も同様に，双方から挙げられましたが，保護者のほうにのみ「子どもと担任の先生との関係，クラス全体の雰囲気，保護者同士の関係」など，より細分化されたものが挙げられていました。特に差があったのが，「親子関係」と「学校対応」です。教員とスクールカウンセラーでは，日常的なコミュニケーション，基本的な生活習慣，親としての行動など，いじめ予防のために大切な親子関係について知っておいてほしいという意見が多く見られました。教員・スクールカウンセラー側は，いじめ予防における親子関係を重視しているといえます。一方，保護者のほうでは，教育委員会，学校，教員がどういじめに対応するのか，指導体制，いじめ対策について知っておきたいという意見が多かったのですが，この意見は教員・スクールカウンセラーのほうでは出てきませんでした。保護者の側は，学校側にいじめ予防を期待していることが読み取れます。学校側の考えや対応を知りたいというニーズはあるのに，自分の学校の「いじめ防止基本方針」は知らないという現状があるということです。みなさんは，自分の学校の「いじめ防止基本方針」を，どのように保護者に届けているでしょうか？　ホームページに載せているだけで，終わっていないでしょうか？「いじめ防止基本方針」は，いじめについての学校と子ども・保護者・地域との決めごとです。わかりやすい言葉で，しっかりと相手に届いているか，再度，確認してみてください。

TRY 1　自分の学校の「いじめ防止基本方針」を確認してみましょう！
- 子どもや保護者にわかりやすい表現になっていますか？
- 子どもや保護者にどのように伝えているでしょうか？　その情報は届いていますか？

この調査で見えてきた重要なことがもうひとつあります。教員・スクールカウンセラーも保護者も，どちらも具体的な方法論は挙がってこなかったということです。例えば，日常における親子関係は，「受容的に接する」，「よく話を聞く」などはたくさんありましたが，どれも抽象的です。具体的にどうしたらよいかということが保護者も学校側もわかっていないという課題があるようです。

　海外では様々ないじめ予防プログラムが開発されていますが，その中でも保護者のプログラムが含まれているもののほうが効果があるという実証的な結果があります（Huang et al., 2019）。例えば，「効果的な家族・養育プログラム（Effective Family and Parenting Programs）」（Haley, 2005）では，以下の7つを中核要素としています。すなわち，「1. 保護者による予防の重要性」，「2. 反社会的問題よりも向社会的行動への注目」，「3. 子どもの行動の観察，理解，判断の仕方を教える」，「4. ソーシャル・ラーニングの原理を教える」，「5. 新しい養育スキルを教える」，「6. 学校や他の環境でも子どもがスキルを使えるようにする」，「7. 両親と家族のリスク要因を伝える」など，具体的な内容となっています。また，「親しみのある学校・家族（Friendly Schools Friendly Families)」[1]では，「1. いじめについて：いじめの定義・種類／いじめの影響／いじめにおける役割（被害者・加害者・第三者）／いじめに関する一般的な見解と誤解」，「2. 自分の子どもがいじめにあっているかも：いじめられているときのサイン／話し方・応答の仕方・対応の仕方など」，「3. 自分の子どもが他の子をいじめているかも：どう対応する？／いじめないために何ができる？など」，「4. 自分の子どもがいじめを目撃したら：第三者の意味することの伝え方／いじめを見たときの対応の仕方など」と，こちらもかなり具体的な対応の仕方のプログラムとなっています。第2節で紹介する，保護者向け心理教育──「親子で取り組むいじめ予防」プログラム──は，日本における保護者，教員・スクールカウンセラーのニーズと，海外の具体的なプログラム内容を元に作成されています。

④ 保護者が信頼する教員とは？

　基礎知識の最後は，保護者がどのような教員を「信頼できる」と感じているのかを，小学生の保護者（男性＝91名，女性＝167名）と中学生の保護者（男性＝113名，女性＝145名）を対象に筆者らが実施した調査（杉本・遠藤・飯田・青山・中井，2019）をもとに解説していきます。この調査では，「保護者による教員の信頼性認知を測定する尺度」（Parental Cognition of Trust for Teachers; 以下，PCTT尺度）というものを開発しました。簡単にいうと，保護者はどのような特徴の先生を信頼できると感じているかを明らかにしたということです。その結果，4つの特徴が導き出されました（表8-1）。この信頼性を保護者が高く感じていると，教員に子どもの悩みを相談しやすくなるという結果も出ました。そして，この信頼性は，子どもが学校でトラブルを抱えたときの教員の対応に，保護者が満足しているほど高くなるということも示されました。ピンチはチャンス！と

---

1 http://friendlyschools.com.au/fsp/

表 8-1　PCTT 尺度の下位項目

「Ⅰ 教師の役割遂行能力」

学校で子どもに起きた出来事を保護者にきちんと報告してくれる

学校での日常の子どもの様子を保護者に伝えてくれる

必要なときには，保護者に手紙や電話で子どもの様子を伝えてくれる

クラスの様子を保護者によく伝えてくれる

授業以外のところでも，子どもに熱心に指導してくれる

子どもに問題が起きたときの対応が早い

子どものことを真剣に考えてくれる

子どものために一生懸命である

「Ⅱ 規律的指導」

子どもが悪いことをしたときには，厳しく注意してくれる

必要なときには，しっかりと叱ってくれる

子どもに良いことと悪いことをはっきり示してくれる

優しいだけではなく，厳しさもある

「Ⅲ 子どもに合わせた指導」

子どもの話をしっかり聞いてくれる

子どもに寄り添って考えてくれる

子ども一人ひとりに目を配れる

子どもの個性を受け入れ，対応してくれる

子どもへの勉強の教え方がうまい

子どもに対する指導の基準が一貫している

「Ⅳ 子どもが示す好意」

子どもが来年度も担任はその先生がいいと言う

子どもがその先生のことが好き

子どもが家でよくその先生の話をする

いうことですね。いじめの芽の段階で保護者が教員に相談をしてくれるかどうか，一緒に対応していけるかどうかは，いじめの予防に非常に重要なことといえます。教員としての自分を表 8-1 の 4 つの点から自己評価してみることは，保護者との連携をしていく際の役に立つでしょう。

TRY 2　教員としての自分のことを振り返ってみましょう！
●上の 4 つの点からみて，教員としての自分の強みはどこですか？
●ここはもう少し伸びしろがあるな，という点はどこですか？

第2節 保護者向け心理教育の実施のスキルアップ！
──「親子で取り組むいじめ予防」プログラム

　本節では，筆者らが開発した「Connect Hearts Program─親子で取り組むいじめ予防」という，保護者向けのいじめ予防プログラムの内容を解説します。いじめ予防で必要な家庭での知識や対応を理解し，年度初めの保護者会などで実施することができるようになることを目指しましょう。付録として，プログラムのリーフレットがダウンロードできるようになっています（p.viii 参照）。このリーフレットをもとに保護者に説明すると，よりわかりやすいと思いますのでご活用ください。項見出しの後半に書かれている「いじめとは？」「いじめはなぜ起きる？」「いじめを予防するには？」「保護者としてのいじめの初期対応」「学校との連携」は，リーフレットの小見出しに対応しています。

❶ いじめの基礎知識を知ってもらう：「いじめとは？」

(1) いじめの定義

　まず，いじめの基礎知識について伝えます。ここでは，文部科学省によるいじめの定義と，具体的にどのような行為がいじめにあたるのかを説明します。特に，いじめにあたるか否かの判断は表面的・形式的に行うのではなく，いじめられた児童生徒の主観によること，つまり，いじめられた子が「辛い，いじめられている」と感じていたらいじめにあたるという点は非常に大切です。保護者の中には，「いじめられる子にも問題がある」と考えている人もいます。100％完璧な非の打ちどころのない人間など存在しません。言い換えれば，問題のない完璧な子どもなんていないのです。ちょっとわがままな子，ちょっと乱暴な子，ちょっともじもじしている子など，子どもは色々な個性や何らかの未熟な面を持っています。ですが，そのことを理由に，「いじめをする」ということは，絶対にあってはいけないのです。もちろん，子どもたちの未熟な面は建設的な方法で育ててあげる必要はありますが，それをいじめていい理由にしてはいけないということを，子どもにも保護者にもしっかりとわかってもらう必要があります。

(2) いじめの構造

　次に，いじめの構造を前出の図 8-3 をもとに説明します。重要なことは，いじめは，いじめられる子といじめる子でだけで成り立っているのではないということです。その周りではやし立てる「観衆」，見てみぬふりをする「傍観者」，そしてその子どもたちにどう関わるかが問われている保護者や教員などの大人がいて，成り立っているのです。いじめる子を止める「仲裁者」をどう育てるかが，いじめ予防では重要とされています。

❷ いじめのメカニズムを説明する：「いじめはなぜ起きる？」

　子どもは，未熟な面をたくさん持っている存在です。様々な問題や葛藤を抱え，色々な経験をすることで成長していきます。いじめの問題も，その成長過程の中で生じてきます。ここでは，心理学の観点から，いじめが生じやすいメカニズムを説明します。具体的な保護者としての関わり方は，その後の「3. 予防のために大切な親子関係を伝える」で紹介します。

（1）友だち関係の発達

　友だち関係の発達から見ていきましょう。小学校の中学年くらいから，子どもたちはグループ化していきます。最初は，「同じアイドルが好き」，「同じゲームが好き」など「同じ」であることでつながっていきます。これは，自分の親しい人とつながり，親密性を育むうえでとても重要なことです。しかし，その反面，「違う」ことが受け入れられず，「違う」人を排除するような傾向も強くなります。違うグループの人とちょっと話したり，違うものを好きになったりすると，グループから外されてしまうということが起こりやすくなります。これが，いじめにつながりやすいのです。成長していくと，たとえ違うものが好きでも，いつも一緒にいなくても，友だち関係を継続することができるようになります。つまり，相手の多様性を認め合えるようになるのです。ただ，この友だち関係の成長が見られず，大人になってもいじめが存在しているのも事実です。最近問題になっているのは，保護者間でのいじめ，教員間でのいじめです。そのようにならないために，**多様性**を認めることができる子どもに成長するような大人の関わりが必要です。

（2）他者視点の未獲得

　子どもは，物事をすべて自分の基準で判断します。自分が楽しいものは相手も楽しい，自分が嫌なものは相手も嫌。発達心理学では，**自己中心性**と呼ばれています。つまり，相手の立場に自分を置き換えて考えることが，まだできないのです。いじめは，この傾向が強く出ます。つまり，相手の気持ちや痛みに気づくことができず，「ちょっとからかっただけ。いじめているつもりはなかった」という加害の側の心理です。成長していくと，自分とは違う相手の気持ちや考えにも目が行くようになり，**他者視点**が獲得されます。自分の気持ちも，相手の気持ちも大切にできるようになるためには，まずは保護者，教員など大人から自分の気持ちをどう扱われたかが重要になっていきます。

（3）問題解決能力の未発達

　いじめは，子どもたちの中で生じた問題や葛藤をうまく解決できないことにより起こります。**問題解決能力**も，年齢とともに獲得していきます。しかし，例えば，暴力的な言動で喧嘩ばかりする親，

子どもを傷つけるような言葉で怒る親，会社の同僚やママ友の悪口ばかり言っている親，いつも教室で叱ってばかりいる先生，このような環境で子どもが育ったらどうなるでしょうか。これらは，問題を解決する方法としては建設的でなく，残念ながら非常に未熟な方法です。このような環境で育った子どもは，そのような大人の問題解決の方法を見て学んでしまいます。心理学では**社会的学習理論**と呼ばれています。友だち関係の中で何か納得できないこと，イライラすることなど問題が生じたとき，「自分も相手もまあまあOK」という建設的な問題解決ができる能力を育てていく必要があります。

(4) 欲求不満 - 攻撃仮説

いじめという形でなぜ友だちを攻撃してしまうのか，ということを**欲求不満 - 攻撃仮説**から説明します。家庭や学校で，何のストレスもなく，すべて満たされている子どもはほとんどいません。学校では，全員が勉強や運動ができるわけではありませんし，友だち関係が良好な子ばかりではありません。家庭では，夫婦の関係，きょうだい葛藤などの家族関係，あるいは貧困の問題などでストレスを抱えている子もいるでしょう。そのようなストレスに耐える力が，子どもはまだ弱いのです。その抱えられないストレスを，他人を攻撃すること，攻撃して自分より下の者を作り，一時的な優越感を得ることで発散してしまうのです。この優越感という快感情がとてもやっかいで，この快感情のためにいじめは継続してしまいます。いじめる子に「止めなさい」という強い指導だけではダメということです。子どもに過剰なストレスがかかっていないか，広い視点から見ていく必要がありますし，ストレスに適切に対応できるしなやかな心を育てていく必要もあります。

(5) ネット特有の特徴

最後に，現代に特有のネットいじめの起こりやすさを説明します。ネットいじめであっても，上記で説明したメカニズムは一緒です。そのうえでさらに，ネットならではの起こりやすさもあります。それは，文字ベースのコミュニケーションにおける誤解の生じやすさです。この点は，第2章の第1節に詳しく書かれていますので，参照してください。

❸ 予防のために大切な親子関係を伝える：「いじめはどうしたら予防できる？」

子どもを，いじめる子にも，観衆にも，傍観する子にもしないために，そしていじめられたときには一人で抱えず相談できるような子にするために大切な親子関係について説明します。これは保護者向けのプログラム内容ですが，この対応は実は教員が子どもと接するときにも大切なことですので，教員にも理解してほしいことです。保護者には，まず「いじめ防止対策推進法」の保護者の責務をわかりやすい言葉で伝えます。いじめ予防のためには，保護者の関わりが非常に重要で有効であることを理解してもらいましょう。ここからが，日常で大切となる保護者の具体的な対応です。

（1）子どもの行動についての判断

　当たり前のことですが，子どもは日々色々な行動をします。その行動について，「よい行動・望ましい行動」，「あまりよくない行動」，「絶対にしてはいけない行動」の3つの基準で判断します。「よい行動・望ましい行動」には褒める，認めるなどプラスのフィードバックをします。「あまりよくない行動」には，無視というマイナスのフィードバックをすることでその行動を減らします。「絶対にしてはいけない行動」については，「してはいけない」ということをしっかりと伝えます。これは**ペアレント・トレーニング**（上林，2009）の考え方です。いじめは，もちろん「絶対にしてはいけない行動」です。何か理由があったから，相手も悪いなどで，その行動を認めることがあってはいけません。しかし，厳しく伝えるときも，否定するのはあくまでもその行動であって，「だから，あなたはだめなのよ」，「そんなことしたら，ろくな大人にならないぞ」など，その子自身の性格や人格を否定するような言い方をするべきではありません。この基準を持って子どもに対応することで，子どもに規範意識が育ち，いじめか否かの判断もできるようになっていきます。

（2）「よい行動」を認め増やしていく

　日常での子育てでは，子どもが悪いことをしたときに，親の注意が向きがちです。ゲームの使い方でみていくと，多くは，時間になってもゲームを止めない子どもに「もう，止めなさい！」と叱ります。それで止められることも悪いことではないですが，それではいつまでたっても親に注意されないと止めることができなくなります。注意ばかりしていると何より親子関係が悪くなります。ここで，発想の転換です。止められないという「あまりよくない行動」ではなく，止められたという「よい行動」に注目するのです。自分で止められたときに，「今日は，自分で止めたね！」とさりげなく声をかけます。何で止められたのかのほうに注目すると，「親がガミガミ言ってこないから，気持ちよくやれた」とか「ちょうど切りのいいところまでやれたから」など，うまく止めるための解決策が見つかってきます。良いところに注目する親の姿は，子どものモデルになります。そして，叱って行動をコントロールするよりも，子どもの**自己肯定感**を育てることにもなります。

（3）様々な感情を育てる

　喜怒哀楽という言葉がありますが，人にはポジティブなものもネガティブなものも様々な感情があります。小さいころの感情は快か不快かというあまり分化されていないものなのですが，それが成長とともに細分化していきます。そのなんだかよくわからない感情に，それは「悲しい」っていう感情なんだよ，と教えてあげる大人の関わりが大切になります。怒り，悲しみ，辛さ，妬みなどネガティブな感情も，自分のことを守ったり，モチベーションアップに貢献したりする大切な感情です。どの感情も大切で，感じていいということを知り，その感情を親が認めてくれるという安心感の中で，豊かな感情が育っていきます。特にいじめにつながりやすい「怒り」の感情は，その感情の背景にもう

ひとつ感情があるといわれています。つまり，友だちに裏切られて悲しくて，怒りが湧いてきたというように，怒りの背景には悲しみがあるということです。「怒ったあなたが悪い」ではなく，「裏切られて悲しくて怒りが湧いてきたんだね」とネガティブな感情も否定せず受け止めてあげたうえで，その怒った感情をどうしたらよいか，適切な対応を一緒に考えていくことが必要になります。日常でこのようなことを丁寧にしていくことで，何か問題を抱えたときに親に安心して話ができるというよい関係を築くことにもつながります。怒りのコントロールについては，第3章を参照してください。

（4）他者視点を獲得させる

感情を育てるのと同時に大切なことが，他の人にも自分と同様に様々な感情があるということ，そして，その感情は自分の感情とは必ずしも同じではないということがわかることです。例えば，自分はサッカーが好きで楽しいから今度のお楽しみ会でやりたいという子どもにとっては，サッカーなんて嫌いでやりたくないと反対する友だちの気持ちはわからず怒りが湧くでしょう。でも，どちらの感情も間違いではなく，大切にされるべきなのです。**他者視点の獲得**の前提には，他人には自分と違う感情や考えがあることを理解することが必要です。そのうえで，相手の子はどう感じたのかに目を向けさせる声かけをしていくことで，相手の考えや立場，感情に気づくことができるようになります。

（5）問題解決能力をつける

自分とは違う感情や考えを相手が持つことに気づくと，「じゃあ，どうしたらいいの？」という葛藤が生まれます。そこで，その葛藤が生じたときに建設的に解決できる方法を身につけることが必要になります。セカンドステップ（NPO 法人日本こどものための委員会，2013）という暴力予防プログラムにおける問題解決の3つのルールを紹介します。①誰の心も身体も傷つけないこと，②誰かだけが得をすることなく，みんなが公平であること，③実現可能なこと，です。この3つのルールを守ってどうするか，子ども自身に考えさせるのです。そうすると，「お楽しみ会の半分はサッカーで，あとの半分は他の子がやりたいことをする」など，自分も相手も大切にした解決策が出てくるかもしれません。小さいころから，学校でも家庭でもこの方法で考えさせることで，**問題解決能力**がついてきます（図 8-5）。

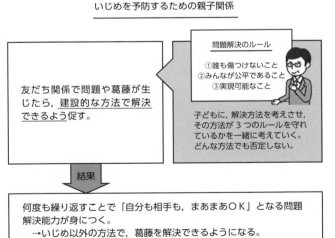

図 8-5　子どもの問題解決能力を育てる保護者の関わり

(6) 子どもの変化を捉える

　いじめ予防のために保護者が日常からできることは，子どもの普段の生活に目を向け，変化に敏感になることです。子どもは，いじめにあっているとき，あるいはいじめをしているときでも，何らかのサインを出すことがあります。落ち着かない，イライラする，話をしなくなった，食欲がなくなった，やたら甘えるようになった，寝るのを嫌がるようになった——色々あるのですが，絶対にこのサインが出るということはないのです。いじめられたら落ち込む子は多いかもしれませんが，逆に心配をかけさせまいと家では元気に振るまったり，やたらとテンションが高くなったりする場合もあります。重要なのは，変化です。「いつもはこうなのに，なんか最近違うな」ということです。普段から子どもとコミュニケーションを取り，生活に目を向けていることで，ちょっとした変化に気づくことができます。

④ いじめの初期の段階での保護者の対応：「保護者としてのいじめの初期対応」

　このプログラムはいじめ予防なので，重篤ないじめが起こったあとの対応ではなく，いじめの芽の段階，あるいは初期の段階での対応を説明します。早期に対応していくことで，深刻ないじめに発展することを防ぐことができます。最も大切なことは，いじめる子，いじめられる子，周りにいた子など，どの立場であっても，保護者は自分の子どもの味方でなければいけないということです。それは，いじめという行為を容認することではありません。どのような問題を子どもが抱えたとしても，その問題に寄り添い，ともに取り組み，成長していくために，保護者は味方でいる必要があるということです。いじめという問題に一人で立ち向かえるほど，子どもは強くありません。保護者の力が必要なのです。

(1) 話を聞く

　どのような立場の子どもであっても，まずはしっかりと話を聞くことが重要です。もし，子どもが友だちとのトラブルを話し始めたら，何かしている手を止め，子どもの目を見て，聞く姿勢を取りましょう。いじめの話題は，保護者も冷静に聞けない可能性がありますが，保護者が感情的になってしまうと，子どもは本音が出せなくなる可能性があります。深呼吸をして，できるだけ穏やかな表情で，落ち着いた声のトーンで話を聞きましょう。

　どのような内容であっても，まずは否定せずに聞いてください。そして，子どもの主観と客観的事実の両方を聞くことを意識します。「仲間外れにされて，辛かった」という場合，仲間外れにされたというのが客観的事実で，辛かったというのが主観です。「頭にきたから，ノート破ってやったんだ」という場合は，ノートを破ったというのが客観的事実で，頭にきたというのが主観です。主観に対しては，共感して受け止めます。ノートを破るというよくないことの話でも，そのときの感情，つまり「こういうことをされて，あなたは頭にきたのね」というその子の感情は受け止めてあげます。それ

は，ノートを破ることを肯定することではありません。客観的事実については，いつ，誰に，何をしたのか，されたのかということを聞いていきます。客観的事実は，その後に学校と連携して対応していくときに，重要になってきます。

（2）被害を受けた子の場合の初期対応

　子どもが誰かにいじめられているかもしれないという場合，保護者の気持ちは非常に複雑です。自分の子どもが「弱い」と感じてしまい，「こんなこと，たいしたことではないのに情けない」，「我慢しなさい」，「やり返したらいい」など，子どもを責めるような気持ちになるかもしれません。あるいは，相手の子どもに「怒り」を感じて，子ども以上に怒り，冷静さを失うような状態になるかもしれません。どれも，親として当然の感情です。しかし，親が過剰に感情的になってしまうと，心配させたくない，大ごとにしたくないと，子どもは自分の本当の気持ちや思いを吐き出しにくくなってしまいます。親としての感情も大切にしながらも，子どもの気持ちに寄り添う聞き方ができるかどうかが大切になってきます。一緒に辛さや悲しさを抱えるとともに，この後，子どもはどうしていきたいか，どうなりたいのかを丁寧に聞いていきます。

（3）加害をしてしまった子の場合の初期対応

　子どもが加害の場合，保護者としては「うちの子に限って，やるわけがない」や，「相手の子も悪い」という否認の心理が働きやすくなります。しかし，「うちの子に限って」は，ないのです。相手の子が精神的に傷ついていたら，それはいじめであることを忘れないようにしなくてはいけません。あるいは，よく話も聞かずに子どもの感情を受け止めず，「おまえが悪い」と厳しく責めたり，怒鳴ったりしてしまうこともあるかもしれません。それでは子どもは味方がいなくなり，悪かった行動をしっかりと反省して，改善するきっかけを失ってしまいます。相手が傷ついた行為については，してはいけないことであることをしっかりと伝え，相手の子に対してどうしていけばいいかを一緒に考えていきます。さらに，その子との関係でうまくいかないことがあるなら，先に紹介した問題解決の3つのルールを使って，いじめという行為ではなく他の方法での対応も考えていけるとよいでしょう。友だち関係で葛藤を抱えたとき，どう解決していくか，その力を育てていく必要があります。

（4）子どもが観衆だった場合の初期対応

　子どもが観衆の場合，「うちの子は，直接手を出してない」ということで，保護者としては子どもの行動をそれほど悪いことと捉えにくくなります。しかし，「観衆」もいじめの加害の側であることを忘れてはいけません。いじめられている子を「見て笑っていた」ということが，いじめられている子にはどのくらい辛いものだったのか，いじめられている子の立場に立って考える手助けをしてください。保護者として，どうしてほしかったのか，どういう子どもに成長してほしいのかを考え，他者

視点を育てる機会にしてほしいと思います。

（5）傍観する子の場合の初期対応

保護者にとっていじめには「できるだけ関わらないように」というのが本音かもしれません。しかし，それでは，いじめはなくならないのです。今は無関係でも，そのうち自分の子どもが，加害や被害に巻き込まれる可能性もあります。また，クラスにいじめがある場合，観衆や傍観する子のメンタルヘルスも悪いということがわかっています。傍観する子の心理も複雑です。「いじめは悪いこととわかっている，でも止められない」と心を痛めている子もいれば，無関心を装っていても「ざまあみろ」と内心では加害の子と一緒に攻撃している子もいます。どういう気持ちで見ていたのかにも配慮しつつ，周りに人がいる中でいじめられている子の心細さなどに気づけるような言葉かけをしてください。見ている傍観の子が，どうしたらいじめを止められる子になるのか，現在のいじめ予防教育で最も重視されている点です。周りの子がいじめを匿名で知らせるアプリなども開発され，導入している学校も増えてきています（column 2 参照）。子どもが被害の側にも加害の側にもならないで，どうしたらいじめを止めることができるのか，子どもの味方になって，保護者も一緒に考えていくことが大切です。

❺ 学校と連携する際のポイントを確認する：「学校との連携」

最後に，それでもいじめが起きてしまった場合の対応の仕方について，「学校との連携」として説明します。いじめの問題は，多くが学校での人間関係の中で起こります。ですので，対応は学校と連携して行っていくこととなります。連携をスムーズにするためにも，保護者には自分の子どもの学校の「いじめ防止基本方針」を理解しておいてもらう必要があります。多くの保護者が知らないのが現状ですので，例えば，このプログラムを実施する際に，印刷して配布し，説明をしてもよいと思います。

いじめの初期の段階で保護者が学校に相談し連携する場合，大切になるのが，子どもから聞いた話を整理して伝えることです。そのときにも，子どもの気持ちや思いなどの主観と，何が起きたのかという客観的事実の両方を伝えます。保護者はもちろん自分の子どもから聞いた話しかわかりません。学校がいじめた側，いじめられた側，周りにいた子，色々な立場から話を聞いて，情報をまとめていけるよう，保護者は子どもから聞いた話をまずは推測を交えずに伝えていきます。その後に，保護者としての気持ちや考えも伝えますが，一番重要なのは，子どもの気持ちと何が起きたかの客観的事実です。特に，被害を受けた子の気持ちと，今後どうしていきたいかということが重要です。その情報をもとに，短期的な対応，中・長期的な対応について，誰がどのようにしていくのか，現実的に可能な方法を検討していきます。

初期対応での学校・保護者の連携で目指すべきことは，被害の子も加害の子もフォローしていくということです。加害の子を厳しく指導するだけで終わってしまっては，いじめが裏で継続して陰湿化，

悪質化してしまうこともあります。あるいは，加害の子が今度は被害の側に回るなど，連鎖を止められなくなってしまいます。「いじめられている子の味方になることは，いじめている子のテキになることじゃない」。これは，ある学校のいじめ予防の授業をしたときに子どもから出た意見です（藤谷・板澤，2019）。現在は，いじめの加害者に厳しい風潮があります。もちろん犯罪となるような重大ないじめに対しては厳しい処罰が必要でしょう。しかし，そうではなく，いじめの芽の段階は，どこの学校にもどの子どもにも起こっています。まだまだ未熟な子たちが，そこで立ち止まり，大人が見守る中で考え，加害の側だったからこそ，次にはいじめを止められるような存在に成長していけるような支援が，保護者と教員によってなされてほしいと思います。

> **TRY 3** 保護者向けの研修ができるか，付録のリーフレットを使って練習してみましょう！
> そのときに，自分の学校独自で入れたほうがよい情報はないか，確認してみましょう！

第3節　保護者との関係構築に役立つアプローチの方法
──解決志向アプローチの基礎

　いじめ問題にかかわらず，子どものことで保護者と話し合い，対応していくことは多いと思います。この保護者への対応に負担感や困難感を持っている先生も多いのではないでしょうか。うまくコミュニケーションが取れて，協力して子どもの対応ができる保護者とは，それほど負担を感じないものです。難しいのは，うまく関われない，協力関係が築けないと感じる保護者への対応でしょう。本節では，保護者との関係構築に役立つひとつの方法，**解決志向アプローチ**の基礎的な部分のスキル獲得を目指します。子どもに問題が生じたとき，スムーズな連携ができるよう，日頃から保護者との対応に使用してみてください。付録のダウンロード資料に本節の内容の研修用資料がありますので，ご活用ください（p.viii 参照）。

1　保護者対応の自分の傾向を把握する

　教員であっても，誰とでもうまくやれるわけではありませんし，相性もあります。しかし，特にいじめなど保護者との協力関係が重要になってくる場合，苦手な保護者だからと情報共有や対応が遅れてしまうと，一番影響を受けるのは子どもです。まずは，自分の傾向を把握することが大切です。良好な関係が築けている保護者とは，特に対応を変える必要はありません。もし，うまく関係が築けないと感じている保護者がいるのであれば，相手を変えることはできませんので，自分の対応を変える必要があります。

② 保護者との連携における大切な視点

　学校には，様々な専門家がいます。いじめ問題だけでなく，異なった専門性を持った人たちとチームを組んで対応にあたっていくことになります。教員は，教育の専門家で，養護教諭は保健や健康の専門家です。スクールカウンセラーは心理の専門家，スクールソーシャルワーカーは福祉の専門家です。では，保護者は何の専門家でしょうか？　保護者は，自分の子どもの専門家です。保護者は，生まれてからずっと自分の子どものことを見てきています。教員が子どもと関われるのは，せいぜい1，2年なのです。そのときの学校でのことは，保護者より知っている可能性はありますが，保護者のほうが圧倒的に子どもの情報を持っているのです。子どもとたくさんの時間を過ごす中で，教員の自分のほうが保護者よりも子どものことを知っているとどこかで勘違いしてしまうことはないでしょうか。他の専門家との連携においても同じですが，連携するときには，相手の専門性を尊重することが最も大切なことです。教員が自分のほうが子どものことをわかっていると勘違いしていると，上から目線で保護者を指導してしまうような関わりになってしまう危険性があります。保護者はその子の専門家，ということを忘れずに対応していきましょう。

　もうひとつの大切なことは，困っているのは誰か，ということです。例えば，クラスに粗暴な行動をする子がいたとします。その保護者に話をするときに，「お子さんが落ち着かず乱暴なことをするので，周りの子が困っています」，あるいは「お子さんが落ち着かないので授業が進められず困っています」というような言い方はしていないでしょうか。そのように言われた保護者は，「先生はうちの子ではなく，周りの子や授業ができないことを心配しているのだな。うちの子を迷惑に感じているのだな」と受け取ります。ここでの勘違いは，困っているのは周りの子や教員だけではないということです。一番困っているのは，まだ自覚がないとしても，粗暴な行動をして，友だち関係をうまく作れず，授業に集中できないその子なのです。「お子さんがこういう点で困っている，だから協力して一緒に対応を考えていきませんか」と保護者に伝えれば，自分の子どものために協力しようという気持ちになりやすいものです。一番困っているのは，問題を抱えているその子——この視点も忘れないようにしましょう。

3 解決志向アプローチの基礎

（1）子どもへの対応

遅刻欠席が多いAさん，授業中も寝てしまうことが多く，宿題も忘れることが多い。このような子に，どのように対応しますか？　従来の指導では，遅刻をしたとき，居眠りをしたとき，宿題を忘れたときに，注意や指導をするのではないかと思います。それで行動が改善すればよいのですが，改善しない場合，その子はいつも叱られてばかりになります。

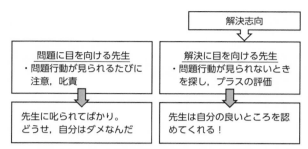

図 8-6　子どもに対する解決志向アプローチの対応

いつも叱られてばかりだと，教員との関係も悪くなり，子どもの自己肯定感が下がってしまいます。

　解決志向アプローチは，逆です。よいところ，できているところに注目します。遅刻をしなかったとき，授業中寝ていないとき，宿題をしてきたときなど問題行動がないときに注目をして，プラスのフィードバックをします。そして，できたときにどうしてできたのかを探っていくことで，解決策が見えてくるのです。「この授業，寝ないでよくやっていたね。なんでだろう？」という教員の問いに，「今日は，先生の言ってることわかったから」と言ったらこの子の根本的な問題は学力，「昨日，いっぱい寝たから」と言ったら生活習慣の問題という解決の糸口が見えてきます。そして，このアプローチのよいところは，教員と子どもの信頼関係が築きやすくなるということです（図 8-6）。

　解決志向アプローチは，問題ではなく，解決に目を向けていきます。背景にある発達傾向の問題，家庭環境の問題——それらの問題は，すぐに改善していくことは難しいものです。根本的な問題や原因は，日々の学校生活の中での指導では，ひとまずスルーします。それらの問題は，時間をかけて，他の専門家とも連携して取り組んでいく必要があります。解決に目を向けるというのは，その子が今できていること，問題のないところ，よいところなどに注目し，そこを伸ばしていくということです。

（2）保護者への対応

　Aさんの問題が続く場合は，保護者に対しても，「遅刻や居眠りが多いので，生活習慣をしっかり見てあげてください」という指導をすることが多いのではないでしょうか。保護者にとっては，「そんなこと言われても，起こしても起きないし，どうしたらよいかわからない。仕事も忙しいのに」と否定的な感情が生じがちです。

　しかし，解決志向アプローチではその逆です。「今週，2回遅刻しませんでしたよ！　どうしてでしょうかね」と遅刻をしなかった日に注目を向けます。そうすると，保護者もその日の子どもの様子や自分

の関わりを振り返ります。「そういえば，いつも朝はピリピリしてるのに，あの日の朝は一緒にご飯食べて，穏やかだったな」というようなうまくいった要因が見えてくるのです。うまくいったときの保護者の対応を労えば，保護者との信頼関係も築きやすくなるでしょう。保護者はその子の専門家です。家庭でうまくいったときの対応に気づいてもらい，それを教えてもらうことが，子どもの問題解決につながります（図8-7）。

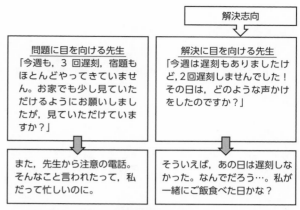

図8-7　保護者に対する解決志向アプローチの対応

(3) リソースを見つける習慣をつける

　リソースとは，その人がもともと持っているよいところや強みのことです。解決志向アプローチは，その人の問題に注目するのではなく，このリソースを使っていきます。どのような子でも，どのような保護者でも，そして教員である自分自身にも，必ずリソースがあります。ただ，忙しい学校生活の中では，どうしても問題に目がいきがちです。粗暴な行動をする子も，乱暴な行動は問題ですが，友だちと関わりたいという気持ちはあることや，休み時間にたくさん遊んだ後は落ち着いていることなどがわかれば，注意するだけではない対応が見えてきます。よいところ，できているところ，まあまあやれているところに注目する習慣をつけてください（教員によるポジティブ行動支援の実践が参考になります；第4章参照）。

TRY **5**	**リソースを見つけてみましょう！** ● 自分のリソースは何でしょうか？ ● クラスで問題を抱えている子のリソースは何でしょうか？ ● 関わるのが難しいなと感じる保護者のリソースは何でしょうか？

おわりに

　本章では，保護者に焦点を当てたいじめ予防についてのスキルアップを目指しました。いじめ予防に保護者を巻き込んでいき，協力を得られれば，たいへん強い味方となるはずです。少し関係を作るのが難しいなと感じる保護者とも，一度関係が築けると，きっと誰よりも心強い協力者となるでしょう。教員としての自分を振り返りつつ，本章でお伝えした知識やスキルを，ぜひ日常の指導の中に取り入れてみてください。

部活動でのいじめ防止

市村 操一　筑波大学・東京成徳大学 名誉教授／教育学博士

　日本の子どもたちのスポーツ指導が虐待的であることが，2020年7月に国際的な人権監視NGOの調査報告書「数えきれないほど叩かれて」によって世界中に知らされました（ヒューマン・ライツ・ウォッチ，2020）。しかし，日本の部活動で子どもが体験する暴力・いじめ・嫌がらせは，コーチによるものばかりではありません。外国語には訳せない「先輩」によるものがあります。この先輩の恐怖をニューヨーク・ヤンキースで活躍した黒田博樹投手は，ニューヨークタイムズの記者のインタビューで次のように語っています。「下級生イジメもまた絶えざる恐怖でした。黒田は自分になされたイジメのやり方を，あまりにグロテスクでした，とだけ答えた。ただ，年長の選手が若年の選手を焼けた舗装道路に素足で正座させて殴ったという話は詳しく語った」（New York Times, 2012）。

　部活動内のいじめは現在でも続いています。SNSで「部活のいじめ」を検索すると，かなり多くの投稿がみられます。いじめの方法も身体的暴力から，差別，仲間外れ，無視，悪評の流布，オンラインでのいやがらせまであります。日本の部活動のいじめの悪質な点は，保護者や教員が関わっている場合があることです。2016年に近畿地方の中学校で起こった部員間の暴力行為は，物差しののど突きとエアガン発射を伴うものでした。顧問教諭は被害生徒の付添人に，医師に「階段で転んだ」と説明するよう指示しています。そして，加害生徒を近畿中学総体に，暴力をふるった生徒の出場禁止という連盟の規則を無視して，出場させています。

　楽しいものであるべきスポーツで，また，仲間との人間関係を築き，社会的技能を身につけることのできるスポーツで，子どもたちが仲間のいじめと指導者の虐待的扱いを受けることは悲劇です。**部活動での暴力の防止には被害生徒の周りの大人のサポートが必要です**。いじめを，生徒個人の我慢や，適応能力を高めるようなカウンセラーの助言で解決できると思う大人の考えでは，問題は解決できません。保護者も，いじめの情報をキャッチした校長も教員も，生徒が駆け込んできたスクールカウンセラーも，いざとなったら警察と連携することも覚悟して，部活動でのいじめ問題に対処する必要があります。保護者も子どもが不自然な怪我をしたり，練習に行きたがらない態度を示したら，部活動の顧問ではなく校長に直接相談するとよいでしょう。顧問が不祥事を隠すことがこれまでにたびたびありました。校長は部活動を含めた生徒のあらゆる場面でのいじめに対する責任を負っています。東京都世田谷区立千歳中学校のいじめ防止のためのリーフレット（家庭配布用）は，いじめに関して，担任に限らず相談しやすい教職員（校長，スクールカウンセラーも含む）に話すことを保護者に勧めています。この中学校の校長は，部活動の中でのいじめの問題を部活動の顧問教員だけに任せることはしないと話しています。他の学校でもこのような対策は進んでいるようですが，学校での対応が不十分なら，教育委員会の教育相談ダイヤルに連絡する方法もあります。警察の少年相談室の電話（東京なら警視庁のヤング・テレフォン・コーナー［03-3580-4970］）を利用することもできます。日本の学校スポーツのいじめ体質は，日本の文化と根深くつながっているので，覚悟をもって対峙し，スポーツを愛する子どもたちを犠牲にしないように守ることが必要です。

◆部活動でのいじめ防止に向けて

　部活動におけるいじめの問題は，生徒同士のいじめに限りません。指導者の子どもの発達段階を無視した運

動の強要や，暴力的虐待や性的虐待，そして無視なども，いじめあるいはそれを超えた問題です。夏の甲子園で連投する高校生の姿を日本の国民は称賛しますが，世界的な感覚ではほとんど虐待です。国際的なビジネス雑誌は「9 日間で 772 球を投げるのは文化的特徴か虐待か？」という批判的な記事を載せています（International Business Times, 2013）。2013 年の大阪市立桜宮高校のバスケットボール部のキャプテンだった男子生徒（当時 17 歳）が体罰を苦にして自殺した事件を機に，2015 年には文部科学省は**グッドコーチに向けた「7 つの提言」**を発表し，コーチングの改善を訴えています。しかしコーチが具体的にどのような行動をとればよいのかは明確でなく，この提言の効果も検証されていません。

子どもたちがコーチの不適切な指導法によってスポーツ嫌いになってしまう問題には，欧米諸国も悩んでいます。EU 加盟 5 カ国の共同プロジェクトとして，7 年間の **PAPA（Promoting Adolescent Physical Activity）Project** が進められました。2013 年に終了したこのプロジェクトに関する研究論文が次々に出版されています。その中のひとつの論文では，このプロジェクトで行われた子どもに対するコーチの指導法（Coach-created empowering motivational climate）の内容を知ることができます（Appleton et al., 2016）。つまり，子どもたちに自信を与えて勇気づけ，動機づけを高めるためには，コーチは子どもたちから次のように思われていることが大切です。

・私のコーチは進歩したら成功と認めてくれる
・私のコーチはプレーヤー同士が助け合うことを奨励する
・私のコーチは質問に丁寧に答えてくれる
・私のコーチはプレーヤーに何かすることを指示するときに，その理由を十分に説明する
・私のコーチはなにが起きてもケアしてくれる
・私のコーチは心を開いて話を聞いてくれる

など，27 項目が示されています。コーチが作るこのような動機づけの雰囲気が，子どものスポーツでのバーンアウトを防ぐ効果があることを示唆する実証的なデータも発表されています（Into et al., 2019）。

日本の子どものスポーツを健康的で幸せなものにするために，心理学の貢献も大いに期待されています。

【引用文献】

Appleton, P. R., Ntoumanis, N., Quested, E., Viladrich, C., & Duda, J. L. (2016). Initial validation of the coach-created Empowering and Disempowering Motivational Climate Questionnaire (EDMCQ-C). *Psychology of Sport and Exercise*, 22, 53-65.

ヒューマン・ライツ・ウォッチ（2020）．数えきれないほど叩かれて　https://www.hrw.org/ja/report/2020/07/20/375777

International Business Times (2013 April 5). Japanese high school pitcher throws 772 pitches in nine days, cultural divide or abuse?　https://www.ibtimes.com/japanese-high-school-pitcher-throws-772-pitches-nine-days-cultural-divide-or-abuse-1175081（2020 年 12 月 16 日閲覧）

Into, S., Perttula, V.-M., Aunola, K., Sorkkila, M., & Ryba, T. V. (2019). Relationship between coaching climates and student-athletes' symptoms of burnout in school and sports. *Sport, Exercise, and Performance Psychology*, 9(3), 341-356.

New York Times (2012 July 5). Yankees' Kuroda was molded by pain in Japan　https://www.nytimes.com/2012/07/06/sports/baseball/in-japan-yankees-hiroki-kuroda-was-molded-by-pain.html（2020 年 12 月 16 日閲覧）

東京都世田谷区立千歳中学校いじめ防止のためのリーフレット　https://school.setagaya.ed.jp/weblog/files/tchise/doc/91938/1108262.pdf

ヤング・テレホン・コーナー（警視庁少年相談室）　https://www.keishicho.metro.tokyo.jp/sodan/shonen/young.html

引用文献

【第 1 章】

安達英明（2009）．SOS チェックリストを活用した教師の連携　石隈利紀・水野治久（編）　学校での効果的な援助をめざして──学校心理学の最前線　ナカニシヤ出版

Berkowitz, L. (1993). *Aggression: Its causes, consequences, and control*. New York: McGraw-Hill Book Company

Carlisle, N. & Rofes, E. (2007). School bullying: Do adult survivors perceive long-term effects? *Traumatology*, 13, 16-26.

Crick, N. R. & Grotpeter, J. K. (1995). Relational aggression, gender, and social-psychological adjustment. *Child Development*, 66, 710-722.

Dodge, K. A. & Coie, J. D. (1987). Social information processing factors in relative and proactive aggression in children's peer groups. *Journal of Personality and Social Psychology*, 53, 1146-1158.

船津守久（2020）．障害のある子どものいじめと支援　竹田敏彦（監修）　植田和也・上村　崇・船津守久・藤沢敏幸・衛藤吉則・中島正明　いじめはなぜなくならないのか　ナカニシヤ出版

濱口佳和（2005）．能動的攻撃・反応的攻撃の概念定義と測定法に関する考察──青年期における能動的攻撃・反応的攻撃の個人差測定尺度の開発に向けて　教育相談研究，43，27-36.

平木典子（2009）．改訂版アサーション・トレーニング──さわやかな〈自己表現〉のために　日本・精神技術研究所

本田真大（2017）．いじめに対する援助要請のカウンセリング──「助けて」が言える子ども，「助けて」に気づける援助者になるために　金子書房

本間友巳（2003）．中学生におけるいじめの停止に関する要因といじめ加害者への対応　教育心理学研究，51，390-340.

Idsoe, T., Dyregrov, A., & Idsoe, E. C. (2012). Bullying and PTSD symptoms. *Journal of Abnormal Child Psychology*, 40, 901-911.

石隈利紀（1999）．学校心理学──教師・スクールカウンセラー・保護者のチームによる心理教育的援助サービス　誠信書房

伊藤美奈子（2017）．いじめる・いじめられる経験の背景要因に関する基礎的研究──自尊感情に着目して　教育心理学研究，65，26-36.

Jacobson, K. E. & Bauman, S. (2007). Bullying in schools: school counselor's responses to three types of bullying incidents. *Professional School Counseling*, 11, 1-9.

春日井敏之・西山久子・森川澄男・栗原慎二・高野利雄（2011）．やってみよう！ピア・サポート──ひと目でポイントがわかるピア・サポート実践集　ほんの森出版

加藤弘通・太田正義（2016）．学級の荒れと規範意識および他者の規範意識の認知の関係　教育心理学研究，64，147-155.

Kärnä, A., Voeten, M., Little, T., Alanen, E., Poskiparta, E., & Salmivalli, C. (2012). Effectiveness of the Kiva antibullying program: Grades 1-3 and 7-9. *Journal of Educational Psychology*, 105, 535-551.

小泉令三・山田洋平・大坪靖直（2017）．教師のための社会性と情動の学習（SEL-8T）──人との豊かな関わりを築く 14 のテーマ　ミネルヴァ書房

國分康孝・國分久子（総編集）（2004）．構成的グループエンカウンター事典　図書文化社

Lewin, K., Lippitt, R., & White, R. K. (1939). Patterns of aggressive behavior in experimentally created "social climates." *Journal of Social Psychology*, 10, 271–299.

水野治久・石隈利紀・田村節子・田村修一・飯田順子（2013）．よくわかる学校心理学　ミネルヴァ書房

文部科学省（2010）．生徒指導提要 https://www.mext.go.jp/a_menu/shotou/seitoshidou/1404008.htm（2020年12月30日閲覧）

文部科学省（2013）．いじめの防止等のための基本的な方針（平成25年10月11日　文部科学大臣決定［最終改定　平成29年3月14日]）https://www.mext.go.jp/component/a_menu/education/detail/__icsFiles/afieldfile/2019/06/26/1400030_007.pdf（2020年12月30日閲覧）

文部科学省（2020）．平成30年度　児童生徒の問題行動・不登校等生徒指導上の諸問題に関する調査結果について　https://www.mext.go.jp/content/1410392.pdf（2020年2月14日閲覧）

森田洋司・清水賢二（1994）．いじめ──教室の病い　金子書房

森田洋司・清水賢二（2001）．新訂版いじめ──教室の病い　金子書房

中井久夫（2016）．いじめのある世界に生きる君たちへ──いじめられっ子だった精神科医の贈る言葉　中央公論新社

中村玲子・越川房子（2014）．中学校におけるいじめ抑止を目的とした心理教育的プログラムの開発とその効果の検討　教育心理学研究，62，129-142.

野崎優樹・子安増生（2015）．情動コンピテンスプロフィール日本語短縮版の作成　心理学研究，86，160-169.

岡安孝弘・高山　巌（2000）．中学生におけるいじめ被害者および加害者の心理的ストレス　教育心理学研究，48，410-421.

Olweus, D. & Limber, S. (2010). The Olweus Bullying Prevention Program: implication and evaluation over two decades. In S. Jimerson, S. Swearer, & D. Espelage (eds), *Handbook of Bullying in Schools: An International Perspectives*. New York: Routledge, pp. 377–401.

大西彩子（2015）．いじめ加害者の心理学──学級でいじめが起こるメカニズムの研究　ナカニシヤ出版

Orpinas, P. (2005). *Bullying prevention: Creating a positive school climate and developing social competence*. Washington DC: American Psychological Association.

Orpinas, P., Horne, A. M., & Multisite Violence Prevention Project (2004). A teacher-focused approach to prevent and reduce students' aggressive behavior: The GREAT Teacher Program. *American Journal of Preventive Medicine*, 26, 29–38.

オルヴェウス, D.・リンバー, S. P. 他（著），小林公司・横田克哉（監訳）（2013）．オルヴェウス・いじめ防止プログラム──学校と教師の道しるべ　現代人文社

下田芳幸（2014）．日本の小中学生を対象としたいじめに関する心理学的研究の動向　富山大学人間発達科学研究実践総合センター紀要 教育実践研究，8，23-37.

スミス, P. K.（著），森田洋司・山下一夫（総監修）（2016）．学校におけるいじめ──国際的に見たその特徴と取組への戦略　学事出版

杉山登志郎・大河内　修・海野千畝子（2005）．教師のための高機能広汎性発達障害・教育マニュアル　少年写真新聞社

高橋知己・小沼　豊（2018）．いじめから子どもを守る学校づくり──いますぐできる教師の具体策　図書文化社

時岡晴美・大久保智生・岡田　涼・平田俊治（2021）．地域と協働する学校──中学校の実践から読み解く思春

期の子どもと地域の大人のかかわり　福村出版

利根川明子（2016）．教室における児童の感情表出と学級適応感の関連　教育心理学研究，64，569－582．

UNESCO (2019). *Behind the numbers: Ending school violence and bullying*. Paris: United Nations Educational, Scientific, and Cultural Organization.

Varjas, K., Meryers, J., Henrich, C. C., Graybill, E. C., Dew, B. J., Marshall, M. L., Williamson, Z., Skoczylas, R. B., & Avant, M. (2006). Using a participatory culture-specific intervention model to develop a peer victimization intervention. *Journal of Applied School Psychology*, 22, 35-57.

渡辺弥生・藤枝静暁・飯田順子（2019）．小学生のためのソーシャルスキル・トレーニング　スマホ時代に必要な人間関係の技術　明治図書出版

渡辺弥生・原田恵理子（2015）．中学生・高校生のためのソーシャルスキル・トレーニング　スマホ時代に必要な人間関係の技術　明治図書出版

山本　奨・大谷哲弘・小関俊祐（2018）．いじめ問題解決ハンドブック──教師とカウンセラーの実践を支える学校臨床心理学の発想　金子書房

【第2章】

Abbott, N. & Cameron, L. (2014). What makes a young assertive bystander? The effect of inter-group contact, empathy, cultural openness, and in-group bias on assertive bystander intervention intentions. *Journal of Social Issues*, 70(1), 167-182.

阿部　学・藤川大祐・山本恭輔・谷山大三郎・青山郁子・五十嵐哲也（2018）．脱・傍観者の視点を取りいれたいじめ防止授業プログラムの開発──選択と分岐を取り入れた動画教材を用いて　コンピュータ＆エデュケーション，45，67-72．

青山郁子・藤川大祐・五十嵐哲也（2017）．小・中学生におけるネットいじめの芽の経験，深刻度の認識，対処の自信と対処行動についての調査　日本教育工学会論文誌，41 (Suppl.)，189-192．

Burger, C., Strohmeier, D., Spröber, N., Bauman, S., & Rigby, K. (2015). How teachers respond to school bullying: An examination of self-reported intervention strategy use, moderator effects, and concurrent use of multiple strategies. *Teaching and Teacher Education*, 51, 191-202.

藤　桂・吉田富二雄（2014）．ネットいじめ被害における相談行動の抑制──脅威認知の観点から　教育心理学研究，62，50-63．

藤川大祐・青山郁子・五十嵐哲也（2016）．ネットいじめの芽における小中高生の傍観者行動と文脈要因の違いにおける差の検討　日本教育工学会第32回全国大会講演論文集，663-664．

Gaffney, H., Farrington, D. P., & Ttofi, M. M. (2019). Examining the effectiveness of school-bullying intervention programs globally: A Meta-analysis. *International Journal of Bullying Prevention*, 1 (1), 14-31.

飯田順子（2008）．中学校におけるいじめ予防プログラムの実践──学校全体SSTを用いて　日本教育心理学会総会発表論文集，647．

伊藤美奈子（2017）．いじめる・いじめられる経験の背景要因に関する基礎的研究──自尊感情に着目して　教育心理学研究，65，26-36．

Joinson, A. (1998). Causes and implications of behavior on the Internet. In Gackenbach, J. (ed), *Psychology and the internet: Intrapersonal, interpersonal, and transpersonal implications*. San Diego: Academic Press, pp. 43-60.

Keashly, L. (2019). In the E-persence of others. In Cassidy, W., Faucher, C., & Jackson, M. (eds),

Cyberbullying at university in international contexts. New York: Routledge, pp.141-156.

国立教育政策研究所（2016）．OECD 国際教育指導環境調査（TALIS2013）http://www.nier.go.jp/ kenkyukikaku/talis/imgs/talis_points.pdf（2016 年 1 月 5 日閲覧）

Mason, K. (2008). Cyberbullying: A preliminary assessment for school personnel. *Psychology in the Schools*, 45, 323-348.

McQuade, C. S., Colt, P. J., & Meyer, B. N. (2009). *Cyber bullying. Protecting kid and adults from online bullies*. Westport, Connecticut: Praeger.

文部科学省（2018）．平成 28 年度「児童生徒の問題行動・不登校等生徒指導上の諸課題に関する調査」（確定値）について http://www.mext.go.jp/b_menu/houdou/30/02/1401595.htm（2018 年 3 月 28 日閲覧）

中村玲子・越川房子（2014）．中学生におけるいじめ抑止を目的とした心理教育的プログラムの開発とその効果の検証　教育心理学研究, 62, 129-142.

Padgett, S. & Notar, E. C. (2013). Bystanders are the key to stopping bullying. *Universal Journal of Educational Research*, 1(2), 33-41.

Pas, E. T., Waasdorp, T. E., & Bradshaw, C. P. (2019). Coaching teachers to detect, prevent, and respond to bullying using mixed reality simulation: An efficacy study in middle schools. *International Journal of Bullying Prevention*, 1(1), 58-69.

ピンク, D.（著），大前研一（訳）（2010）．モチベーション 3.0 持続する「やる気！」をいかに引き出すか　講談社

Rivers, I., Poteat, V. P., Noret, N., & Ashurst, N. (2009). Observing bullying at school: The mental health implications of witness status. *School Psychology Quarterly*, 24(4), 211-223.

ストップイットジャパン（2018）．「私たちの選択肢」利用の手引き　http://stopit.jp/assets/jpworkshop/ Workshop_Brochure.pdf

竹内和雄（2014）．スマホチルドレン対応マニュアル──「依存」「炎上」これで防ぐ！　中央公論新社

東京都教育委員会（2014）．平成 26 年度 東京都公立学校における「いじめの実態及び対応状況把握のための調査」結果について

鳥飼重和（監修）（2014）．その「つぶやき」は犯罪です──知らないとマズいネットの法律知識　新潮新書

和久田 学（2019）．学校を変える いじめの科学　日本論評社

渡辺弥生・原田恵理子・齋藤敦子（2009）．「感情」にアプローチしたソーシャルスキル教育　日本になじむ, いじめ予防プログラムとは──「感情」へのアプローチ　教育心理学年報, 48, 42-43.

【第3章】

Brehm, S. S. & Brehm, J. W. (1981). *Psychological reactance: A theory of freedom and control.* New York: Academic Press.

遠藤寛子（2009）．怒り経験の筆記が精神的健康に及ぼす影響　感情心理学研究, 17, 3-11.

遠藤寛子・山本 晃・鬼頭昌也（2017）．感情への気づきを促す心理教育プログラムの試み　日本教育心理学会第 59 回総会発表論文集, 504.

遠藤寛子・湯川進太郎（2011）．高校生における思考の未統合感と怒りの維持との関係　カウンセリング研究, 44, 92-100.

遠藤寛子・湯川進太郎（2012）．怒りの維持過程──認知および行動の媒介的役割　心理学研究, 82, 505-513.

遠藤寛子・湯川進太郎（2013a）．怒りの維持過程における思考の未統合感に影響を及ぼす諸要因の検討　心理学研究，84，458-467.

遠藤寛子・湯川進太郎（2013b）．対人的ネガティブ感情経験の開示と被開示者の反応—女子大学生を対象に　心理学研究，84，1-9.

遠藤寛子・湯川進太郎（2018）．怒りの維持過程に基づいた筆記開示法の検討——思考の未統合感に着目して　カウンセリング研究，51，81-93.

日比野 桂・湯川進太郎（2004）．怒り経験の鎮静化過程—感情・認知・行動の時系列的変化　心理学研究，74，521-530.

工藤 力・マツモト，D.（1996）．日本人の感情世界——ミステリアスな文化の謎を解く　誠信書房

Lindon, W. & Feuerstein, M. (1981). Essential hypertension and social coping behavior. *Journal of Human Stress*, 7, 28-34.

Stanton, A. L., Danoff-Burg, S., Sworowski, L. A., Collins, C. A., & Branstetter, A. D., Rodriguez-Hanley, A., Kirk, S. B., & Austenfeld, J. L. (2002). Randomized controlled trial of written emotional expression and benefit finding in breast cancer patients. *Journal of Clinical Oncology*, 20, 4160-4168.

鈴木 平・春木 豊（1994）．怒りと循環器系疾患の関連性　健康心理学研究，7，1-13.

Wegner, D. M., Schneider, D. J., Carter, S. R., & White, T. L. (1987). Paradoxical effects of thought suppression. *Journal of Personality and Social Psychology*, 53, 5-13.

山本恭子・余語真夫・鈴木直人（2004）．感情エピソードの開示を抑制する要因の検討　感情心理学研究，11，78-81.

【第4章】

バーンズ亀山静子・中川優子（2018）．PBIS 実践マニュアル＆実践集　ほんの森出版，pp.10-14.

County Health Rankings & Roadmaps program (2016). School-wide Positive Behavioral Interventions and Supports (Tier 1).
https://www.countyhealthrankings.org/take-action-to-improve-health/what-works-for-health/strategies/school-wide-positive-behavioral-interventions-and-supports-tier-1

Horner, R. H. & Sugai, G. (2015). School-wide PBIS: An example of applied behavior analysis implemented at a scale of social importance. *Association for Behavior Analysis International*. doi: 10.1007/s40617-015-0045-4

松山康成（2018）．児童会活動による学校全体のポジティブ行動支援——ビジュアル版行動指導計画シートの開発と活用　学校カウンセリング研究，19，25-31.

日本ポジティブ行動支援ネットワーク（2020）．https://apbsjapan.org/

庭山和貴（2020）．学校規模ポジティブ行動支援（SWPBS）とは何か？ ——教育システムに対する行動分析学的アプローチの適用（特集　学校場面における PBS の最前線）　行動分析学研究，34(2)，178-197.

Pinter, E. B., East, A., & Thrush, N. (2015). Effects of a video-feedback intervention on teacher's use of praise. *Education and Treatment of Children*, 38(4), 451-472.

島宗 理（2019）．応用行動分析学　新曜社

杉山尚子・島宗 理・佐藤方哉・マロット，R. W.・マロット，M. E.（1998）．行動分析学入門　産業図書

Walker, H. M., Horner, R. H., Sugai, G., Bullis, M., Sprague, J. R., Bricker, D., & Kaufman, M. J. (1996). Integrated approaches to preventing antisocial behavior patterns among school-age children and youth. *Journal of Emotional and Behavioral Disorders*, 4（4）, 194-210.

山田賢治・松山康成（2020）．岡山県中学校教育研究会 支部教研紀要 ポジティブ行動支援で元気な学校づくり──学校全体で取り組む PBIS を活用した教育活動の実践 岡山県浅口郡里庄町立里庄中学校

【第5章】

Cole, T. (1999). *Kids helping kids: A peer helping and peer mediation training manual for elementary and middle school teachers and counsellors*. Victoria: Peer resources.

池島徳大・松山康成（2016）．いじめ解決に生かす，学校における3つの多層支援とその方法── PBIS（ポジティブな行動への介入と支援），ピア・メディエーション，機能的アセスメントを生かした個別支援 日本ピア・サポート学会第15回総会沖縄大会ワークショップ配布資料

池島徳大・松山康成・大山貴史（2012）．サークル・タイムで築くクラスの中の共同性意識 学校教育実践研究, 4, 61-66.

池島徳大・竹内和雄（2011）．ピア・サポートによるトラブル・けんか解決法！──指導用ビデオと指導案ですぐできるピア・メディエーションとクラスづくり ほんの森出版

松山康成・枝廣和憲・池島徳大（2016）．子ども同士で感謝と賞賛を伝え合うポジティブカードの有効性の検討──対人的感謝と学校環境適応感に及ぼす影響 ピア・サポート研究, 13, 25-38.

松山康成・池島徳大（2014）．ピア・メディエーショントレーニングプログラム（PMTP）を用いた生徒指導実践 ピア・サポート研究, 11, 21-28.

松山康成・栗原慎二（2019）．ピア・メディエーショントレーニングが友人同士の対立場面における介入行動に及ぼす影響の検討 日本ピア・サポート学会第18回総会高知大会発表論文集

松山康成・真田穣人・栗原慎二（2020）．PPR（Positive Peer Reporting）が友人同士の対立場面における介入行動に及ぼす影響の検討 日本教育心理学会第62回総会発表論文集, 314.

文部科学省（2020）．令和元年度児童生徒の問題行動・不登校等生徒指導上の諸課題に関する調査結果について https://www.mext.go.jp/content/20201015-mext_jidou02-100002753_01.pdf

森田洋司（2001）．いじめの国際比較研究──日本・イギリス・オランダ・ノルウェーの調査分析 金子書房

中井久夫（1996）．いじめとは何か 仏教, 37, 18-23.

Rubin, J. Z., Pruitt, D. G., & Kim, S. H. (1994). *Social conflict: Escalation, stalemate, and settlement*. New York: Mcgraw-Hill Book Company.

山辺恵理子（2011）．修復理論における「正義」概念──関係性の構築と修復に主眼を置いた教育実践をめぐる議論を手掛かりに 東京大学大学院教育学研究科紀要, 51, 63-70.

Zehr, H. (1990). *Changing lenses: A new focus for crime and justice*. Waterloo: Herald Press.

【第6章】

川崎知巳・飯田順子（2018）．教員の管理職志向への規定要因──ロールモデルとマネジメント経験に焦点を当てて 教育心理学研究, 66(1), 67-80.

国立教育政策研究所（2012a）．いじめの理解 生徒指導リーフ Leaf.7 生徒指導・進路指導センター

国立教育政策研究所（2012b）．いじめの未然防止Ⅰ 生徒指導リーフ Leaf.8 生徒指導・進路指導センター

国立教育政策研究所（2012c）．「絆づくり」と「居場所づくり」 Leaf.2 生徒指導・進路指導センター

国立教育政策研究所（2013）．いじめのない学校づくり「学校いじめ防止基本方針」策定 Q&A 生徒指導リーフ増刊号 Leaves.1 生徒指導・進路指導センター

国立教育政策研究所（2015）．アンケート・教育相談をいじめ「発見」につなげる 生徒指導リーフ Leaf.20

生徒指導・進路指導センター

厚生労働省（2014）．平成 25 年度 能力開発基本調査 調査結果の概要　http://www.mhlw.go.jp/toukei/list/dl/104-25b.pdf（2020 年 8 月 8 日閲覧）

本田真大（2017）．いじめに対する 援助要請のカウンセリング──「助けて」が言える子ども，「助けて」に気づける援助者になるために　金子書房

文部科学省（2010）．生徒指導提要　https://www.mext.go.jp/a_menu/shotou/seitoshidou/1404008.htm（2020 年 12 月 30 日閲覧）

文部科学省（2013）．いじめの防止等のための基本的な方針（平成 25 年 10 月 11 日　文部科学大臣決定［最終改定　平成 29 年 3 月 14 日］）https://www.mext.go.jp/component/a_menu/education/detail/__icsFiles/afieldfile/2019/06/26/1400030_007.pdf（2020 年 12 月 30 日閲覧）

森田洋司・清永賢二（1986）．いじめ──教室の病　金子書房

スミス, P. K.（著），森田洋司・山下一夫（総監修）（2016）．学校におけるいじめ──国際的に見たその特徴と取組への戦略　学事出版

【第 7 章】

バンドラー, R.・グリンダー, J.（著），吉本武史・越川弘吉（訳）（1988）．リフレーミング──心理的枠組の変換をもたらすもの　星和書店

グレイ, C.（著），門眞一郎（訳）（2005）．コミック会話──自閉症など発達障害のある子どものためのコミュニケーション支援法　明石書店

本田恵子（2010）．キレやすい子へのアンガーマネージメント──段階を追った個別指導のためのワークとタイプ別事例集　ほんの森出版

飯田順子（2019）．教師・スクールカウンセラーのいじめ対応効力感といじめ対応の現状に関する研究（自主企画シンポジウム　学校におけるいじめ予防の取り組み：児童生徒，教師・スクールカウンセラー，保護者に焦点を当てて）日本教育心理学会第 61 回総会発表論文集，30-31.

石隈利紀（1999）．学校心理学──教師・スクールカウンセラー・保護者のチームによる心理教育的援助サービス　誠信書房

金子善博・井門正美・馬場優子・本橋　豊（2018）．児童生徒の SOS の出し方に関する教育──全国展開に向けての 3 つの実践モデル　自殺総合政策研究，1(1).

河村茂雄（2016）．組織で支え合う！ 学級担任のいじめ対策──ヘルプサインと向き合うチェックポイントと Q-U 活用法　図書文化社

國分康孝（編）（1998）．サイコエデュケーション──「こころの教育」その方法　図書文化社

國分康孝・國分久子（総編集）（2004）．構成的グループエンカウンター事典　図書文化社

宮古紀宏（2010）．学校教育における生徒指導施策の動向──児童生徒の粗暴的逸脱行動への対応に焦点を当てて　早稲田大学社会安全政策研究所紀要，3，77-107.

文部科学省（2007）．児童生徒の教育相談の充実について──生き生きとした子どもを育てる相談体制づくり（報告）https://www.mext.go.jp/b_menu/shingi/chousa/shotou/066/gaiyou/1369810.htm（2020 年 10 月 11 日閲覧）

文部科学省（2010）．生徒指導提要　教育図書

文部科学省（2013）．スクールソーシャルワーカー活用事業実施要領　http://www.mext.go.jp/a_menu/shotou/seitoshidou/__icsFiles/afieldfile/2013/10/21/1340480_05.pdf（2020 年 10 月 11 日閲覧）

文部科学省（2019）．平成 30 年度 児童生徒の問題行動・不登校等生徒指導上の諸課題に関する調査結果につい

て　https://www.mext.go.jp/content/1410392.pdf（2020 年 10 月 11 日閲覧）

文部科学省（2020）．スクールソーシャルワーカー活用事業実施要領　https://www.mext.go.jp/content/20200708-mxt_jidou01-000008592_2.pdf

杉本希映・遠藤寛子・飯田順子・青山郁子・中井大介（2019）．保護者による教師の信頼性認知尺度の開発とその関連要因の検討　教育心理学研究，67，149-161.

山本　奬・大谷哲弘・小関俊祐（2018）．いじめ問題解決ハンドブック――教師とカウンセラーの実践を支える学校臨床心理学の発想　金子書房

和久田 学（2019）．学校を変える いじめの科学　日本評論社

【第 8 章】

藤谷弥生・板澤健一（2019）．試行実践の中での「子どもの名言」と保護者アンケートによる実践評価（自主シンポジウム「いじめ免疫プログラム」の試行と評価方法論の模索：世田谷区での実践と検討）　日本教育心理学会第 61 回総会発表論文集，114-115.

Haley, A. (2005). Bullying Prevention: Creating a Positive School Climate and Developing Social Competence. In P. Orpinas, A. M. Horne (ed.), *Persistent bullying: Family interventions (9th ed.)*. Washington DC: American Psychological Association, pp.203-231.

Huang, Y., Espelage, D, L., Polanin, J, R., & Hong, J. S. (2019). A meta-analytic review of school-based anti-bullying programs with a parent component. *International Journal of Bullying Prevention*, 1, 32-44.

上林靖子（監修）（2009）．ペアレント・トレーニング　講談社

NPO 法人日本こどものための委員会（2013）．キレない子どもを育てるセカンドステップ

杉本希映（2019）．いじめ予防における保護者の役割――保護者への心理教育の可能性（自主企画シンポジウム 学校におけるいじめ予防の取り組み：児童生徒，教師・スクールカウンセラー，保護者に焦点を当てて）日本教育心理学会第 61 回総会発表論文集，30-31.

杉本希映・遠藤寛子・飯田順子・青山郁子・中井大介（2019）．保護者による教師の信頼性認知尺度の開発とその関連要因の検討　教育心理学研究，67，149-161.

おわりに

　本書を企画し，原稿の推敲が本格的に始まったころ，COVID-19の世界的な大流行が起きました。2020年の4月には1回目の緊急事態宣言が出され，学校は休校となり，仕事はリモートワークが推奨されました。子どもも大人も外出を自粛し，自宅で一日を過ごすという，いまだ経験したことのない事態に直面することとなりました。同年5月の末に緊急事態宣言が全面解除となり，徐々に学校が再開されてからも，感染症対策をしながらの生活は，これまで慣れ親しんだものとは異なり，どこか緊張や不安を強いられながらの状況が続いています。子どもたちが学校に行けない，思いっきり外で遊べない，自由に友だちと会えないということの影響の大きさを実感させられもしました。学校が休校中，そして再開するにあたっては，想像できないほどの現場の先生方の努力や工夫があったのだろうと思います。このような危機的な状況の中でも，それでも子どもたちを思い，柔軟にしなやかに対応していこうとする先生方の強さを見たような気もします。

　感染症という未知のものに対する脅威，それに伴うこれまで経験したことのない事態は，確かに子どもたちや学校に新たな問題を生じさせたように思います。学校に行けないこと，授業の質の担保，悲しいことに感染症にまつわる差別やいじめも報告されるようになりました。しかし，これらは新しい問題なのだろうかと，ふと思ったりもするのです。差別やいじめは残念ながらこれまでも存在し，学校を楽しめる子，楽しめない子の問題，授業の質の問題や遠隔授業への対策の遅れも存在していました。このCOVID-19は，これまで存在していた問題やあるいは問題の芽，弱い部分を，より大きく目立つようにあぶり出したという側面もあるのではないでしょうか。

　本書は，「いじめ予防」に特化したガイドとして作成されました。「予防」ですので，いじめそのものが起こらないようにするための本です。COVID-19によりいじめが起きているのだとしたら，それを起こす温床がそもそもあったと考えられます。本書をヒントに，いじめが起きない学校，学級経営ができれば，つまりいじめの温床をなくすことができれば，今後，他に何か大きな変化や脅威が襲ってきても，いじめが増えることにはならないはずです。文部科学省もいじめはどこでも誰にでも起こりうるものだとしており，確かにいじめをゼロにすることは難しいのかもしれません。だからといって，大人や教育者が諦めていいということではないはずです。そこにチャレンジしているのが本書だといえます。

　本書は，いじめ予防の理論的背景とともに，日々の教育現場ですぐに使える実践例や研修資料なども豊富に紹介しています。まだ大きな問題が起きていない中でのいじめ予防の取り組みは，健康改善のための生活習慣の見直し，ダイエット，筋トレなどに似ているかもしれません。一朝一夕には目に見える結果は出ず，途中でやめてしまっては状態は元どおり。また成功の道のりには多くの人のサポートが必要になることもあります。ですが，これらの取り組みを地道に続けていれば必ず効果が出るように，いじめ予防の取り組みも時間はかかっても必ず実を結びます。現場の先生方は膨大な業務

に忙殺されてなかなか余裕がないかもしれませんが，いじめ予防の取り組みは日々の学校生活だけでなく地域や子どもたちの将来にとってもポジティブな影響を与えることができる大きな投資といえます。本書で紹介されている事例をひとつでも試していただき，その結果をぜひお知らせいただけたら幸いです。

　本書の執筆陣は，いずれも日々の教育現場の中で問題意識を高く持ち，科学的根拠に基づいた教育実践を重ねられてきた方々です。COVID-19 の大混乱のさなかにおいても，いじめ予防に対するひとかたならぬ熱意をもって原稿を寄せてくださり，編者一同，大きな励みとなりました。

　最後に，金子書房の天満さんに感謝申し上げます。天満さんの絶妙なスケジューリングや的確なアドバイスがなければ，われわれ編者も COVID-19 の混乱に巻き込まれる中で，完成までこぎつけることはできなかったと思います。

　本書に関わってくださったすべての人々に感謝しつつ，平穏かつ温かい，そして希望に満ち溢れた社会になることを願って，筆をおきたいと思います。

　　2021 年 2 月

編 者 一 同

編者紹介

飯田 順子 （いいだ じゅんこ）
筑波大学人間系心理学域 准教授

博士（心理学）。公認心理師，学校心理士スーパーバイザー。専門は学校心理学，スクールカウンセリング。著訳書に『小学生のためのソーシャルスキルトレーニング——スマホ時代に必要な人間関係の技術』（明治図書出版），『事例別 病気，けが，緊急事態と危機管理——保健室・職員室からの学校安全 Vol.1・2』（少年写真新聞社），『世界の学校心理学辞典』（明石書店）ほか。

杉本 希映 （すぎもと きえ）
目白大学心理学部心理カウンセリング学科 准教授

博士（教育学）。公認心理師，臨床心理士。専門は教育臨床学。著書・論文に『事例から学ぶ児童・生徒への指導と援助』（ナカニシヤ出版），『学校で気になる子どものサイン』（少年写真新聞社），「保護者による教師の信頼性認知尺度の開発とその関連要因の検討」（教育心理学研究，67[3], 149-161）ほか。

青山 郁子 （あおやま いくこ）
都留文科大学文学部国際教育学科 教授

Ph.D.（Educational Psychology）。学校心理士。専門はいじめ・ネットいじめとその予防。論文に "Emotional responses to bullying among Japanese adolescents: Gender, context, and incidence visibility" (*International Journal of School & Educational Psychology*, 6[2], 1-9)，「小・中学生におけるネットいじめの芽の経験，深刻度の認識，対処の自信と対処行動についての調査」（日本教育工学会論文誌，41[Suppl.], 189-192）ほか。

遠藤 寛子 （えんどう ひろこ）
埼玉学園大学人間学部心理学科・同大学院心理学研究科 准教授

博士（心理学）。公認心理師，学校心理士。専門は臨床社会心理学，感情心理学。著書・論文に "Anger and Internet in Japan" (in *Encyclopedia of Information Science and Technology: 4th ed.*, IGI GLOBAL)，「怒りの維持過程に基づいた筆記開示法の検討——思考の未統合感に着目して」（カウンセリング研究，51[2], 81-93），「怒りの維持過程における思考の未統合感に影響を及ぼす諸要因の検討」（心理学研究，84[5], 458-467）ほか。

執筆者一覧

飯田　順子	編者	第 1 章
青山　郁子	編者	第 2 章
遠藤　寛子	編者	第 3 章
杉本　希映	編者	第 8 章
山田　賢治	岡山県里庄町立里庄中学校教諭	第 4 章
松山　康成	大阪府寝屋川市立西小学校教諭／ 広島大学大学院教育学研究科博士課程後期	第 5 章
川崎　知已	千葉商科大学商経学部准教授	第 6 章
山崎　沙織	鳥取県教育委員会事務局中部教育局教育相談員	第 7 章
和久田　学	公益社団法人子どもの発達科学研究所主席研究員	Column 1
谷山　大三郎	ストップイットジャパン株式会社代表取締役	Column 2
高祖　常子	認定 NPO 法人児童虐待防止全国ネットワーク理事	Column 3
野口　晃菜	株式会社 LITALICO/LITALICO 研究所所長	Column 4
真田　穣人	大阪市立加島小学校教諭／ 広島大学大学院教育学研究科博士課程後期	Column 5
鬼澤　秀昌	弁護士	Column 6
嘉戸　浩二	鳥取県教育委員会事務局中部教育局指導主事	Column 7
小林　秀子	鳥取県立倉吉東高等学校教諭	Column 8
岡安　朋子	東京工業大学特任専門員／ 神奈川県スクールソーシャルワーカー	Column 9
市村　操一	筑波大学・東京成徳大学名誉教授／教育学博士	Column 10

（所属は 2021 年 3 月時点）

イラスト／ミヤジュンコ

いじめ予防スキルアップガイド
エビデンスに基づく安心・安全な学校づくりの実践

2021 年 4 月 26 日　初版第 1 刷発行　　　　　　　　　〔検印省略〕
2022 年 5 月 20 日　初版第 2 刷発行

編　者　　飯田順子・杉本希映・青山郁子・遠藤寛子
著　者　　山田賢治・松山康成・川崎知已・山崎沙織

発行者　　金子紀子
発行所　　株式会社 金子書房
　　　　　〒112-0012　東京都文京区大塚 3-3-7
　　　　　TEL 03(3941)0111(代)　FAX 03(3941)0163
　　　　　https://www.kanekoshobo.co.jp
　　　　　振替 00180-9-103376

印刷　藤原印刷株式会社　　製本　一色製本株式会社